吴述金

著

货币汇率指数研究

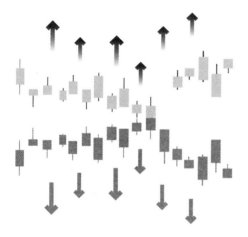

华东师范大学出版社

·上海·

图书在版编目（CIP）数据

货币汇率指数研究 / 吴述金著. —上海：华东师范大学出版社，2022
ISBN 978 - 7 - 5760 - 3227 - 7

Ⅰ.①货… Ⅱ.①吴… Ⅲ.①货币—汇率—指数—研究 Ⅳ.①F820

中国版本图书馆 CIP 数据核字（2022）第 166215 号

货币汇率指数研究

著　　者　吴述金
责任编辑　王海玲
责任校对　董　亮　时东明
装帧设计　卢晓红

出版发行　华东师范大学出版社
社　　址　上海市中山北路 3663 号　邮编 200062
网　　址　www.ecnupress.com.cn
电　　话　021 - 60821666　行政传真 021 - 62572105
客服电话　021 - 62865537　门市（邮购）电话 021 - 62869887
地　　址　上海市中山北路 3663 号华东师范大学校内先锋路口
网　　店　http://hdsdcbs.tmall.com

印 刷 者　上海商务联西印刷有限公司
开　　本　787 毫米×1092 毫米　1/16
印　　张　15.75
字　　数　186 千字
版　　次　2022 年 10 月第 1 版
印　　次　2022 年 10 月第 1 次
书　　号　ISBN 978 - 7 - 5760 - 3227 - 7
定　　价　69.00 元

出 版 人　王　焰

前　言

　　货币汇率指数，又称作货币指数，是指利用汇率数据编制的反映某种指定货币汇率变化的统计指数，用来综合反映该货币在国际外汇市场的汇率变化。在金融市场中，货币汇率指数主要具有三方面功能与作用：一是全面地反映一国货币的价值变化；二是作为投资者的投资对象，也可以作为金融衍生品的标的资产；三是作为评价一国货币在外汇市场里的表现以及该国货币价值变化的指标。另外，货币汇率指数有利于推广该国货币的认可度和知名度。现有很多种货币汇率指数，比如美元指数、欧元指数、英镑指数、瑞士法郎指数、日元指数、加元指数、澳元指数、纽元指数和人民币指数等。

　　根据货币汇率指数概念，理论上两种货币汇率指数的相对变化应该能够较好地反映出这两种货币兑换汇率的变化程度，也就是说，任意两种货币汇率指数比值应该近似等于这两种货币兑换的汇率或者其固定倍数。然而，利用金融市场中的货币汇率指数实际数据检验发现，实际市场中的货币汇率指数比值与其真实汇率的相对误差很大。这从侧面说明，现有货币汇率指数不能很好地反映货币汇率的真实涨跌程度。

　　本书首先对货币汇率指数构建理论进行深入研究，然后基于研究结果提出一种全新的货币汇率指数构建方法，以解决现有货币汇率指数不足之处，实现货币汇率指数很好地反映货币汇率的真实涨跌程度的功能。全书共分为六章：第一章概述现有货币汇率指数;第二章介绍现有货币汇率指数的编制方法;第三章指出现有货币汇率指数的不足之处;第四章详细介绍一种全新的货币汇率指数编制方法;第五章具体给出一种基于全新方法编制的货币汇率指数;第六章给出货币汇率指数追踪方法。

本书适用对象为经济学、金融学、统计学及相关领域的学生、教师、研究人员和业界相关工作人员等。

目　录

第一章

货币汇率指数概述

本章从对指数和金融指数的简单介绍出发,引出货币汇率指数概念、发展历程和货币汇率指数作用,其中特别介绍了中国外汇交易中心发布的三个人民币汇率指数——中国外汇交易中心(China Foreign Exchange Trade System,缩写CFETS)人民币汇率指数、参考国际清算银行(Bank for International Settlements,缩写 BIS)货币篮子计算的人民币汇率指数、参考特别提款权(Special Drawing Right,缩写 SDR)货币篮子计算的人民币汇率指数①。

第一节 指数和金融指数简介

指数(Index),或称统计指数(Statistical index),是分析和监测社会经济现象数量变化的一种重要统计方法。从狭义上讲,指数是反映复杂社会经济现象总体数量综合变动的相对数。从广义上讲,指数是反映社会经济现象数量变动的相对数。指数的编制是从物价的变动开始的。16 世纪到 18 世纪中叶,由于美洲新大陆开采的金银源源不断地流入欧洲,欧洲物价飞

---

① 中国外汇交易中心 [DB/OL]. [2022 - 8 - 8]. https://www. chinamoney.com.cn/chinese/bkrmbidx/.

涨,引起社会不安,于是产生了反映物价变动的要求。经济学家为了测定物价的变动,开始尝试编制物价指数。

现如今,指数已经成为历史悠久、使用广泛、与现实关系极为密切的统计方法和指标,广泛地应用于生产、生活、社会服务与管理等各个领域。常见的指数包括居民消费价格指数、股票价格指数、金融发展指数、货币指数、工业总产值指数、空气质量指数、环境污染指数、采购经理指数等。在所有指数中,金融指数是历史最悠久、影响力最广泛的指数类型之一。

金融指数(Financial index),是反映某个特定金融市场和金融领域中全部金融产品某类数量变化的一种统计指数。金融指数可分成狭义金融指数和广义金融指数。狭义金融指数是反映某个特定金融市场和金融领域中全部金融产品价格变化的一种统计指数,比如股票指数、债券指数、期货指数、期权指数、货币指数等。广义金融指数,除了包含狭义金融指数,还包括反映某个特定金融市场和金融领域发展趋势、发展规模或发展现状的变化的统计指数,比如金融发展指数、金融形势指数等。

在众多的金融指数中,股票价格指数为大家所熟知,道琼斯指数是世界上历史最为悠久、最有影响、使用最广的金融指数。早在 1884 年,道琼斯公司的创始人查尔斯·亨利·道(Charles Henry Dow)开始编制一种算术平均股价指数,道琼斯指数由此得名。人们通常所说的道琼斯指数主要指道琼斯指数四组中的第一组道琼斯工业平均指数(Dow Jones Industrial Average Index)。它以在纽约证券交易所挂牌上市的一部分有代表性的公司股票作为编制对象,由四种股价平均指数构成。

在股票价格指数中,除了道琼斯指数,还有许多影响力很大的指数,比如标准·普尔 500 指数(S&P 500 Index)、纳斯达克指数(NASDAQ Index)、英国富时 100 指数(FTSE 100 Index)、德国 DAX30 指数(Dax 30 Index)、法国 CAC40 指数(CAC 40 Index)、日经 225 指数(Nikkei 225 Index)、韩国 KOSPI200 指数(KOSPI 200 Index)、所罗门兄弟债券指数(Salomon Brothers Bond Index)和协利债券指数(Sheason-Lehman Bond Index)。在国内,有上海证券综合指数(Shanghai Composite Index)、深圳成分指数(SZSE Component Index)、沪深 300 指数(Shanghai-Shenzhen 300 Index)、香港恒生指数(Hang Seng Index)和台湾加权指数(Taiwan Weighted Index)等。

在金融指数中,货币汇率指数是相对历史较短,但是发展迅速的一种金融指数。

第二节　货币汇率指数概念

货币指数(Currency index),是指反映某种指定货币价格变化的统计指数。编制货币汇率指数具有多方面的重要意义:一是有利于市场和公众对货币汇率变动做出综合的判断,引导市场预期;二是有利于推动外汇衍生品市场的发展,通过开发以货币汇率指数为标的资产的金融衍生品,为投资者提供对冲工具,并且促进金融市场的信息效率;三是可以为央行货币政策的决策提供依据;四是有利于提高货币的国际地位和国际影响力。

对于普通金融产品,我们可以用其价格数据生成某种金融指数反映该金融产品的价格变化,比如利用股票价格生成股票价格指数,利用期货价格生成期货价格指数,利用债券价格生成债券价格指数等,并且这些指数非常直观地反映了各自价格的变化。与普通金融商品不同,货币本身是度量其他金融产品的标尺,因此,货币指数构建比普通金融产品指数构建更加复杂和困难。

由于货币具有多种功能和作用,从不同的功能和作用出发,可以编制不同的货币指数。比如,从货币在国内的购买力出发,可以编制货币的购买力平价指数;从货币在外汇市场里的价格出发,可以编制货币汇率指数。

一、购买力平价指数

购买力平价理论最早是由瑞典经济学家古斯塔夫·卡塞尔(Gustav Cassel)于 20 世纪初在总结前人学术理论的基础上系统地提出的。直观地说,购买力平价是国家间综合价格之比,即两种或多种货币在不同国家购买相同数量和相同质量的某种商品和服务时的价格比率,用来衡量对比国之间价格水平的差异。例如,购买相同数量和质量的一篮子商品,在美国用了 100 美元,在中国用了 300 元人民币,对这篮子商品来说,人民币对美元的购买力平价是 1:3,也就是说,在这篮子商品上,3 元人民币购买力相当于 1 美元。

购买力平价(Purchasing Power Parity),是根据各国不同的价格水平计算出来的货币之间的等值系数。可用于对各国的国内生产总值进行合理比较。购买力平价分为绝对购买力平价和相对购买力平价。前者指本国货币与外国货币之间的均衡汇率等于本国与外国货币购买力或物价水平之间的比率;后者指不同国家的货币购买力之间的相对变化,是汇率变动的决定因素。根据购买力平价理论,在对外贸易平衡的情况下,两国之间的汇率将会趋向于购买力平价。实际生活中,购买力平价汇率与实际汇率可能存在很大的差距。

有经济学家指出,计算一个国家的汇率有很多种方法,购买力平价法只是其中的一种。购买力平价有一定的道理,但是世界上绝大多数的国家、绝大多数的经济学家不会使用这种方法。购买力平价较少被用于货币指数计算使用的原因,是购买力平价说存在明显的缺陷:

其一,购买力平价理论忽略了国际资本流动对汇率的影响。尽管购买力平价理论在揭示汇率长期变动的根本原因和趋势上有其不可替代的优势,但是在中短期内,国际资本流动对汇率的影响越来越大。

其二,购买力平价忽视了非贸易品因素,也忽视了贸易成本和贸易壁垒对国际商品套购的制约。

其三,计算购买力平价的诸多技术性困难使其具体应用受到限制。购买力平价之所以难以得到实证检验的支持,是因为购买力平价在计量检验中存在技术上的困难。这些困难包括:

一是由于购买力平价需要用到各国的物价指数,因此物价指数的选择不同,可以导致不同的购买力平价,而采用何种物价指数最合理尚存争议。

二是商品分类上的主观性可以扭曲购买力平价,不同的国家很难在商品分类上做到一致和可操作。

三是计算相对购买力平价时,很难准确选择一个汇率达到或基本达到均衡的基期年。

二、货币汇率指数

由于购买力平价在计算方面困难重重,几乎不能即时计算,因此购买力平价指数几乎不能作为标的资产开发金融衍生品。为了更好地实现货币指数的功能和作用,最好是使用基于汇率信息编制的货币汇率指数。

所谓**货币汇率指数**①（Currency exchange-rate index），是指利用汇率数据编制的反映某种指定货币汇率变化的统计指数。货币汇率指数用来综合反映该货币在国际外汇市场的汇率变化，衡量该货币对一篮子其他货币的汇率变化程度。现在已有很多货币汇率指数，比如美元指数、欧元指数、英镑指数、瑞士法郎指数、日元指数、加元指数、澳元指数、纽元指数和人民币指数等。

关于货币汇率指数，其货币篮子构建是研究的热点问题之一。1981 年，弗兰德斯（M. J. Flanders）和蒂什勒（A. Tishler）推导了一个损失函数，用于衡量使用"错误"货币篮子的成本，并且以以色列为例，计算了"最优"货币篮子的函数值。② 1979 年，弗兰德斯（M. J. Flanders）和赫尔普曼（E. Helpman）着重探讨了最优"货币篮子"的选择问题。③ 1987 年，霍恩（J. Horne）和马丁（V. Martin）提出了一个在一般均衡模型内推导和估计最优加权汇率指数的框架，研究了加权指数的性质，并讨论了其作为经济指标和货币篮子的政策有用性。④

关于货币汇率指数应用、影响因素及估值误差的相关问题的研究也引起了许多专家学者的注意。1997 年，巴尤米（T.

---

① 准确地说，基于汇率编制的货币指数最好叫做货币汇率指数，但是在金融市场中常常被称作货币指数，因此在本书中我们沿袭金融市场惯例，有时把货币汇率指数也简称为货币指数。

② FLANDERS M J, TISHLER A. The role of elasticity optimism in choosing an optimal currency basket with applications to Israel[J]. Journal of International Economics, 1981, 11(3): 395 - 406.

③ FLANDERS M J, HELPMAN E. An optimal exchange rate peg in a world of general floating[J]. The Review of Economic Studies, 1979, 46(3): 533 - 542.

④ HORNE J, MARTIN V. Exchange rate indicators and optimal currency baskets: A macroeconomic analysis with application to developing countries[J]. Applied Economics, 1989, 21(9): 1137 - 1152.

Bayoumi)和艾肯格林(B. Eichengreen)通过为欧洲国家构建最优货币区域(OCA)指数来实践最优货币区域理论。① 2015 年,蓬蒂尼斯(V. Pontines)利用亚洲货币单位(ACU)指数研究了东亚区域内汇率对贸易关系的影响,并且提出了促进区域内汇率稳定的方法。② 2000 年,奥布莱恩(T. J. O'Brien)和多尔德(W. Dolde)说明了国际资本资产定价与全球市场投资组合和货币指数这两个因素关系的应用。③ 丁剑平和周建芳使用黄金期货价、石油期货价和特别提款权作为充当,试图从一种相对公正的角度推测各种货币汇率指数中的影响成分。④ 一种货币相对于其他货币指数的估值错误,称为货币的多边估值错误。2019 年,奥布莱恩(T. J. O'Brien)和鲁伊斯·德瓦格斯(S. Ruiz de Vargas)阐明了多边误估中的一致性概念,并使用几种货币指数加权方法提供了有益的实证说明。⑤ 程强结合完善货币政策双支柱框架的目标任务,运用误差修正模型来构建货币条件指数 MCI。⑥ 1984 年,瓦尔蒂亚(Y. O. Vartia)和瓦尔蒂亚(P.

① BAYOUMI T,EICHENGREEN B. Ever closer to heaven? An optimum-currency-area index for European countries[J]. European Economic Review,1997,41(3 - 5):761 - 770.
② PONTINES V. How useful is an Asian Currency Unit (ACU) index for surveillance in East Asia?[J]. Economic Systems,2015,39(2):269 - 287.
③ O'BRIEN T J,DOLDE W. A currency index global capital asset pricing model[J]. European Financial Management:the Journal of the European Financial Management Association,2000,6 (1):7 - 18.
④ 丁剑平,周建芳.从多本位的视角研究货币汇率指数的属性[J]. 金融研究,2009(12):45 - 58.
⑤ O'BRIEN T J,RUIZ de Vargas S. Currency indexes and consistent currency misvaluation:Illustrations using Big Mac data [J]. Research in International Business and Finance,2019,48:464 - 474.
⑥ 程强.双支柱货币政策框架下的货币条件指数构建[J].统计与决策,2019,35(22):151 - 154.

L. I. Vartia)以芬兰银行货币指数为例研究了指数偏差问题。① 另外,比尔森(J. F. O. Bilson)和马斯顿(R. C. Marston)1984 年讨论了关于汇率经济学的三个重要新观点:鲁迪格·多恩布施的超调模型、雅各布·弗伦克尔和迈克尔·穆萨的资产市场变体以及彭蒂·库里的经常账户/投资组合方法,并且用实证研究方法检验这些观点。孙红霞、陶江和张艨在模拟澳洲经济背景下,对迪维希亚指数、费雪理想指数、动量货币指数进行了比较研究。② 2016 年,迪米特里乌(D. Dimitriou)研究了希腊债务谈判以及由对"希腊脱欧"的担忧而引发的对英镑(GBP)、欧元(EUR)和日元(JPY)货币的影响,尤其是对隐含波动率货币指数(即 BPVIX、EUVIX 和 JYVIX)的影响。③

第三节　人民币汇率指数

关于人民币汇率及其指数已有很多研究结果和实践案例。刘斌和邓述慧尝试基于 Divisia 货币指数理论计算我国的 Divisia 货币总量 M1D 与 M2D,以此反映我国货币所提供的劳务数量。④ 王如丰基于不同货币总量的统计方法编制了我国季度 Divisia 货币总量指数和现金等价货币总量,并与现行的简单加总

---

① VARTIA Y O, VARTIA P L I. Descriptive index number theory and the Bank of Finland Currency Index[J]. The Scandinavian Journal of Economics, 1984, 86(3): 352 - 364.

② 孙红霞,陶江,张艨.澳洲经济背景下的三大货币指数比较研究[J].上海金融,2011(10): 54 - 60.

③ DIMITRIOU D. Greek debt negotiations and VIX currency indices: A HYGARCH approach[J]. Economics Bulletin, 2016, 36(4): 2154 - 2160.

④ 刘斌,邓述慧.Divisia 货币指数与中国货币政策中介目标分析[J].数量经济技术经济研究,1999(4): 47 - 50.

货币总量进行了比较。① 2006 年,弗兰克尔(J. Frankel)探讨了中国人民币采用固定利率和浮动利率的优缺点,并且建议采用浮动利率制。② 彭刚、刘曼赟和胡志九从 CPI 衡量通货膨胀的局限性出发,借助多种方法构建并测算广义价格指数,并分别对结果进行了检验,最后基于 TVP－VAR 模型比较了货币供应量对不同价格指数所衡量通胀水平的影响。③ 现在市场中有很多货币汇率指数,这里着重介绍中国外汇交易中心发布的三个人民币汇率指数——CFETS 人民币汇率指数、参考 BIS 货币篮子计算的人民币汇率指数、参考 SDR 货币篮子计算的人民币汇率指数。

一、CFETS 人民币汇率指数

CFETS 人民币汇率指数,参考 CFETS 货币篮子,具体包括中国外汇交易中心(China Foreign Exchange Trade System,缩写 CFETS)挂牌的各人民币对外汇交易币种,样本货币权重采用考虑转口贸易因素的贸易权重法计算而得。篮子货币取价是当日人民币外汇汇率中间价和交易参考价(例如泰铢)。指数基期是 2014 年 12 月 31 日,基期值是 100 点。指数计算方法是加权几何平均法。

2015 年 12 月 11 日,中国外汇交易中心网站中国货币网首次发布 CFETS 人民币汇率指数。④ 首次发布的 CFETS 人民币

---

① 王如丰.货币总量指数的选择——基于货币需求稳定性的检验[J].
山西财经大学学报,2008(9):101－106.
② FRANKEL J. On the Yuan:The choice between adjustment under a
fixed exchange rate and adjustment under a flexible rate[J]. CESifo
Economic Studies,2006,52(2):246－275.
③ 彭刚,刘曼赟,胡志九.广义价格指数与中国货币之谜:指数编制和
成因解释[J].统计与信息论坛,2021,36(5):3－13.
④ 外汇交易中心.CFETS 人民币汇率指数发布[EB/OL].上海证券报,
2015－12－11.

汇率指数的货币篮子包括美元、日元、欧元等 13 种样本货币,样本货币权重采用考虑转口贸易因素的贸易权重法计算而得。

根据《中国外汇交易中心关于发布 CFETS 人民币汇率指数货币篮子调整规则的公告》(中汇交公告〔2016〕81 号),自 2017 年起,交易中心按年评估 CFETS 人民币汇率指数的货币篮子,并根据情况适时调整篮子的构成或相关货币权重。货币篮子调整情况于当年年末公布,自次年 1 月 1 日起生效,首期调整于 2017 年 1 月 1 日起生效。

2017 年 1 月 1 日起,按照 CFETS 货币篮子选样规则,CFETS 货币篮子新增 11 种 2016 年挂牌人民币对外汇交易币种,CFETS 篮子货币数量由 13 种变为 24 种,新增篮子货币包括南非兰特、韩元、阿联酋迪拉姆、沙特里亚尔、匈牙利福林、波兰兹罗提、丹麦克朗、瑞典克朗、挪威克朗、土耳其里拉、墨西哥比索。篮子货币权重采用考虑转口贸易因素的贸易权重法计算而得,本期调整采用 2015 年度数据。此次新增篮子货币权重累计加总 21.09%,基本涵盖我国各主要贸易伙伴币种,进一步提升了货币篮子的代表性。经历史回溯试算,新版和老版 CFETS 人民币汇率指数运行趋势基本吻合。表 1-1 给出了 2017 年新版 CFETS 货币篮子和权重。

表 1-1　　　2017 年新版 CFETS 货币篮子和权重

币 种		权重	币 种		权重
货币名称	货币代码		货币名称	货币代码	
美元	USD	0.2240	泰国铢	THB	0.0291
欧元	EUR	0.1634	南非兰特	ZAR	0.0178
日元	JPY	0.1153	韩元	KRW	0.1077
港元	HKD	0.0428	阿联酋迪拉姆	AED	0.0187

币　　种		权重	币　　种		权重
货币名称	货币代码		货币名称	货币代码	
英镑	GBP	0.0316	沙特里亚尔	SAR	0.0199
澳元	AUD	0.0440	匈牙利福林	HUF	0.0031
新西兰元	NZD	0.0044	波兰兹罗提	PLN	0.0066
新加坡元	SGD	0.0321	丹麦克朗	DKK	0.0040
瑞士法郎	CHF	0.0171	瑞典克朗	SEK	0.0052
加元	CAD	0.0215	挪威克朗	NOK	0.0027
马来西亚林吉特	MYR	0.0375	新土耳其里拉	TRY	0.0083
俄罗斯卢布	RUB	0.0263	墨西哥比索	MXN	0.0169

　　中国外汇交易中心定期公布 CFETS 人民币汇率指数,用综合计算人民币对一篮子外国货币加权平均汇率的变动,能够更加全面地反映人民币的价值变化,对推动社会观察人民币汇率视角的转变具有重要意义,有助于引导市场改变过去主要关注人民币对美元双边汇率的习惯,逐渐把参考一篮子货币计算的有效汇率作为人民币汇率水平的主要参照系,有利于保持人民币汇率在合理均衡水平上的基本稳定,并且更能反映我国商品和服务的综合竞争力,发挥汇率调节进出口、投资及国际收支的作用。

二、BIS 货币篮子人民币汇率指数

　　参考 BIS 货币篮子计算的人民币汇率指数,主要参考 BIS 货币篮子,样本货币权重采用 BIS 货币篮子权重。对于中国外汇交易中心挂牌交易人民币外汇币种,样本货币取价是当日人

民币外汇汇率中间价和交易参考价(例如泰铢);对于非中国外汇交易中心挂牌交易人民币外汇币种,样本货币取价是根据当日人民币对美元汇率中间价和该币种对美元汇率套算形成。指数基期是 2014 年 12 月 31 日,基期值是 100 点。指数计算方法是加权几何平均法。

国际清算银行(Bank for International Settlements,缩写 BIS)是英、法、德、意、比、日等国的中央银行与代表美国银行界利益的摩根银行、纽约和芝加哥的花旗银行组成的银团,根据海牙国际协定成立于 1930 年,最初为处理第一次世界大战后德国战争赔款问题而设立,后演变为一家由各国中央银行组成并开展合作的国际金融机构,是世界上历史最悠久的国际金融组织,总部设在瑞士巴塞尔。刚建立时只有 7 个成员国,截至 2022 年 8 月 8 日,共有 63 家成员中央银行或货币当局,包括中国中央银行和中国香港金融管理局。[①]

三、SDR 货币篮子人民币汇率指数

参考 SDR 货币篮子计算的人民币汇率指数,主要参考 SDR 货币篮子,样本货币权重由各样本货币在 SDR 货币篮子的相对权重计算而得。样本货币取价是当日人民币外汇汇率中间价。指数基期是 2014 年 12 月 31 日,基期值是 100 点。指数计算方法是加权几何平均法。

特别提款权(Special Drawing Right,缩写 SDR),最早发行于 1969 年,是国际货币基金组织根据会员国认缴的份额分配

---

① BIS 网站. Governance and organisation[EB/OL]. [2022 - 8 - 8]. https://www.bis.org/about/member_cb.htm.

的,可用于偿还国际货币基金组织债务、弥补会员国政府之间国际收支逆差的一种账面资产。其价值目前由美元、欧元、人民币、日元和英镑组成的一篮子储备货币决定。会员国在发生国际收支逆差时,可用它向基金组织指定的其他会员国换取外汇,以偿付国际收支逆差或偿还基金组织的贷款,还可与黄金、自由兑换货币一样充当国际储备。因为它是国际货币基金组织原有的普通提款权以外的一种补充,所以称为特别提款权。①

2016年10月1日,特别提款权的价值是由美元(USD)、欧元(EUR)、人民币(CNY)、日元(JPY)、英镑(GBP)这5种货币构成的一篮子货币的当期汇率确定,所占权重见表1-2。

表1-2　　　　　2016年10月1日 SDR权重

货币	USD	EUR	CNY	JPY	GBP
权重	41.73%	30.93%	10.92%	8.33%	8.09%

第四节　其他货币汇率指数简介

除了上节着重介绍的人民币汇率指数,还有许多货币汇率指数,其中研究非常活跃的是美元指数和发展中国家的货币汇率指数。1992年,克鲁尔(S. Krull)和拉伊(A. Rai)研究了美国指数构建中使用的权重是否适用于投资组合经理使用该工具

---

① BOUGHTON J M. Evolution of the SDR: Paper Gold or Paper Tiger? [EB/OL]. https://www. elibrary. imf. org/view/book/9781557759719/ch018.xml.

对冲其外汇风险。① 2010 年，埃尔贝克（M. Elbeck）研究发现，1999 年 1 月至 2009 年 3 月，美元主要货币指数与原油价格之间存在显著的反向关系，进而提出了一个动态加权的石油—美元货币篮子，为欧佩克成员国提供多样化和高流动性货币的收入流，以摆脱对美元原油定价的完全依赖。② 2013 年，有学者发现 30％的美国行业投资组合对主要货币指数表现出显著的货币风险敞口，30％的美国行业投资组合对其他重要贸易伙伴指数表现出显著的货币风险敞口。③ 2019 年，阿舒尔（S. Ashour）、拉科夫斯基（D. Rakowski）和萨卡尔（S.K. Sarkar）利用 1957—2016 年美元兑几种主要外币的数据以及 1973—2016 年美元计价的贸易加权指数，发现美元的强势与美国总统所在政党之间存在显著关联性。④ 章小波和杨霄霞结合疫情冲击因素深入探讨了美联储货币政策对美元指数走势的影响因素，并以此研判美元指数后续走势。⑤

另外，伯德（G. Bird）和拉詹（R. Rajan）2002 年试图回答什么才是最合适的联系汇率，并且对发展中国家的货币政策进行

① KRULL S, RAI A. Optimal weights and international portfolio hedging with U. S. dollar index futures：An empirical investigation［J］. The Journal of Futures Markets，1992，12（5）：549－562.

② ELBECK M. Advancing the design of a dynamic petro-dollar currency basket［J］. Energy Policy，2010，38（4）：1938－1945.

③ DU D, NG P, ZHAO X B. Measuring currency exposure with quantile regression ［J］. Review of Quantitative Finance and Accounting，2012，41（3）：549－566.

④ ASHOUR S, RAKOWSKI D, SARKAR S K. U. S. presidential cycles and the foreign exchange market ［J］. Review of Financial Economics，2019，37（4）：523－540.

⑤ 章小波，杨霄霞.美联储货币政策对美元指数走势的影响［J］.中国货币市场，2020（9）：60－63.

了更广泛的推测。① 2011年,乔达安(F. Y. Jordaan)和万·鲁彦(J. H. Van Rooyen)研究旨在调查南非兰特两种货币指数 ZARX 和 RAIN 与黄金价格之间的关系。ZARX 的计算公式用于确定美元货币指数(USDX),后者由 JSE 开发。尽管使用协整理论研究了一系列变量,以确定是否存在任何长期关系,但是研究结果表明,南非兰特货币指数与研究期间的黄金价格变化之间不存在协整关系。② 2012年,乔达安(F. Y. Jordaan)和万·鲁彦(J. H. Van Rooyen)试图解释投资者可能从南非兰特货币指数(RAIN)中获得的风险管理和多样化收益的来源。③ 2007年,有学者分析了 1980年以来发展中国家汇率制度的选择。④ 陆前进研究了"金砖五国"货币合作的可能形式,构建了稳定的篮子货币作为贸易结算货币。⑤

下面我们概括地介绍一下美元指数、欧元指数、人民币指数、英镑指数和瑞士法郎指数。

① BIRD G, RAJAN R. Optimal currency baskets and the third currency phenomenon: exchange rate policy in southeast Asia[J]. Journal of international development, 2002, 14: 1053 - 1073.

② JORDAAN F Y, Van ROOYEN J H. An empirical investigation into the correlation between rand currency indices and changing gold prices[J]. Corporate Ownership and Control, 2011, 9(1): 172 - 183.

③ JORDAAN F Y, Van ROOYEN J H. The portfolio risk management and diversification benefits from the South African Rand Currency Index (RAIN)[J]. Risk Governance and Control: Financial Markets and Institutions, 2012, 4(2): 40 - 61.

④ von HAGEN J, Zhou J Z. The choice of exchange rate regimes in developing countries: A multinomial panel analysis[J]. Journal of international money and finance, 2007, 26(7): 1071 - 1094.

⑤ 陆前进.贸易结算货币的新选择:稳定的篮子货币:对"金砖五国"货币合作的探讨[J].财经研究,2012,38(1): 94 - 102.

一、美元指数

美元指数是国际金融市场中最重要的金融指数之一。

美元指数(U.S. Dollar Index,简写 USDX),主要用于追踪美元兑一篮子主要货币的强度。常用的美元指数最初是由美国联邦储备委员会于 1973 年开发出来,以 1973 年 3 月为基期,基期值是 100 点,选择欧元(EUR)、日元(JPY)、英镑(GBP)、加元(CAD)、瑞典克朗(SEK)、瑞士法郎(CHF)作为样本股,其权重见表 1-3。

表 1-3　　　　　美元指数(USDX)样本股货币的权重

货币	EUR	JPY	GBP	CAD	SEK	CHF
权重	57.6%	13.6%	11.9%	9.1%	4.2%	3.6%

美元指数采用加权几何平均法计算,其具体计算公式为:

$$USDX = 50.14348112 \times EURUSD^{-0.576} \times USDJPY^{0.136}$$
$$\times GBPUSD^{-0.119} \times USDCAD^{0.091} \times USDSEK^{0.042}$$
$$\times USDCHF^{0.036}$$

其中,$EURUSD$ 表示欧元兑美元汇率,其他类似。

二、欧元指数

欧元指数(Euro Index)主要用于追踪欧元兑一篮子主要货币的强度。最早的欧元指数当属欧元货币指数。该指数于 2004 年由 Stooq.com 证券交易所门户网站推出,选择美元(USD)、英镑(GBP)、日元(JPY)和瑞士法郎(CHF)作为样本股,采用算术平均值法计算,以 1971 年 1 月 4 日为基期,基期值是 100 点。在 1999 年 1 月 1 日引入欧洲共同货币之前,计算的汇率为 1 欧元＝1.95583 德国马克。

　　2005 年 9 月 13 日,道琼斯公司注册了两个欧元指数,即道琼斯欧元指数(DJEuro)和道琼斯 5 货币欧元指数(DJEuro5),指数的基期都选择在 1998 年 12 月 31 日,因为 1999 年 1 月 1 日欧元在欧盟各成员国范围内正式发行,基期值均为 100 点。DJEuro 样本股为美元(USD)、日元(JPY)、英镑(JPG)、瑞士法郎(CHF)、俄罗斯卢布(RUB)、瑞典克朗(SEK)、韩元(KRW)、加元(CAD)、新台币(TWD)、澳元(AUD)。DJEuro5 选择了美元(USD)、英镑(GBP)、日元(JPY)、瑞士法郎(CHF)、瑞典克朗(SEK)作为样本股,并且采用特定指数法确定各币种的权重。特定指数主要依据三个因素:各经济体与欧元区的双边贸易额占 40％,各经济体货币供应量 M2 占 40％,各经济体的国内生产总值占 20％。比如,DJEuro5 样本股各币种的权重见表 1-4。

表 1-4　　　　欧元指数(DJEuro5)样本股货币的权重

货币	USD	GBP	JPY	CHF	SEK
权重	44.28％	24.91％	21.55％	6.29％	2.98％

　　2006 年 1 月 13 日,纽约期货交易所下属的金融产品交易所(FNEX)也编制了欧元指数,指数计算追溯到 2001 年。2007 年,总部位于美国亚特兰大的洲际交易所(ICE)接管了纽约期货交易所,同样选择了美元(USD)、英镑(GBP)、日元(JPY)、瑞士法郎(CHF)、瑞典克朗(SEK)作为样本股,其权重见表 1-5。

表 1-5　　　　欧元指数(ECX)样本股货币的权重

货币	USD	GBP	JPY	CHF	SEK
权重	31.55％	30.56％	18.91％	11.13％	7.85％

欧元指数（ECX）采用加权几何平均法计算，其具体计算公式为：

$$ECX = 34.38805726 \times EURUSD^{0.3155} \times EURGBP^{0.3056}$$
$$\times EURJPY^{0.1891} \times EURCHF^{0.1113}$$
$$\times EURSEK^{0.0785}$$

其中，$EURUSD$ 表示欧元兑美元汇率，其他类似。

三、人民币指数

除了上节介绍的 CFETS 人民币汇率指数，参考美元指数经验，北京航空航天大学经济管理学院基于人民币汇率形成机制的一篮子货币中各币种对中国贸易、外国直接投资的影响，构造**人民币指数（CNYX）**，以刻画人民币对主要货币的整体走势。人民币指数选择了美元（USD）、日元（JPY）、欧元（EUR）、港元（HKD）、韩元（KRW）、新台币（TWD）、新加坡元（SGD）、英镑（GBP）作为样本股，采用加权几何平均法计算，其权重见表1-6。选择 2005 年 7 月 21 日（以汇改为分界线）为基期，确定基数为 $I_0 = 100$。

表1-6　　　　人民币指数（CNYX）样本股货币的权重

货币	USD	JPY	EUR	HKD
权重	21.78%	18.49%	17.89%	15.38%
货币	KRW	TWD	SGD	GBP
权重	11.09%	9.22%	3.56%	2.59%

四、英镑指数

英镑指数（UK Pound Sterling Index），追踪英镑兑一篮子

主要货币的强度,具体编制方法未披露。表 1-7 给出了 2019 年 10 月 1 日—2019 年 10 月 18 日英镑指数。

表 1-7　　　　　　2019 年 10 月 1—18 日英镑指数

日　　　期	收盘	开盘	高	低	涨跌幅
2019/10/01	123.01	122.67	123.39	122.05	0.10％
2019/10/02	122.95	122.87	123.24	122.3	−0.05％
2019/10/03	123.33	123.21	124.13	123.21	0.31％
2019/10/04	123.34	123.42	123.45	122.76	0.01％
2019/10/07	122.93	123.21	123.32	122.8	−0.33％
2019/10/08	122.22	122.19	122.38	121.95	−0.58％
2019/10/09	122.07	122.25	122.35	121.99	−0.12％
2019/10/10	124.38	122.32	124.7	122.15	1.89％
2019/10/11	126.5	126.41	127.08	125.9	1.70％
2019/10/14	126.31	125.45	126.5	125.16	−0.15％
2019/10/15	127.83	126.31	128	126.21	1.20％
2019/10/16	128.32	127.45	128.78	127.32	0.38％
2019/10/17	128.9	128.49	128.94	127.59	0.45％
2019/10/18	129.75	128.88	129.87	128.6	0.66％

五、瑞士法郎指数

瑞士法郎指数(CHF Index),追踪瑞士法郎兑一篮子主要货币的强度,具体编制方法未披露。表 1-8 给出了 2019 年 9 月 23 日—10 月 18 日瑞士法郎指数。

表 1-8　　2019 年 9 月 23 日—10 月 18 日瑞士法郎指数

日　　期	指数	涨跌比例	日　　期	指数	涨跌比例
2019/09/23	101.02	0.12％	2019/10/07	100.53	0.11％
2019/09/24	101.47	0.45％	2019/10/08	100.7	0.17％
2019/09/25	100.83	−0.63％	2019/10/09	100.47	−0.23％
2019/09/26	100.63	−0.20％	2019/10/10	100.34	−0.13％
2019/09/27	100.91	0.28％	2019/10/11	100.25	−0.09％
2019/09/30	100.22	−0.68％	2019/10/14	100.27	0.02％
2019/10/01	100.66	0.44％	2019/10/15	100.13	−0.14％
2019/10/02	100.33	−0.33％	2019/10/16	100.49	0.36％
2019/10/03	100.11	−0.22％	2019/10/17	101.22	0.73％
2019/10/04	100.42	0.31％	2019/10/18	101.66	0.43％

第五节　货币指数的发展

随着虚拟货币、数字货币和加密货币出现及蓬勃发展,货币指数已经不仅仅是真实货币的指数,还包括大量的虚拟货币、数字货币和加密货币的指数,并且虚拟货币、数字货币和加密货币的指数数量远超过真实货币指数的数量。

所谓**虚拟货币**,是指非真实的货币,通常由其开发者发行和控制,并在特定虚拟社区的成员中使用和接受。① 知名的虚拟货

---

① ALGHAMDI S, BELOFF N. Virtual currency concept its implementation, impacts and legislation[C]. London: Science and Information Conference (SAI), 2015(1): 175-183. DOI: 10.1109/ SAI.2015.7237142.

币如脸书(Facebook)的充值卡(F 币)、网络游戏《第二人生》(Second Life)的林登币(Linden Dollar)、腾讯公司的虚拟货币(Q 币)、新浪通行币(U 币)、百度币、盛大公司的点券等。根据中国人民银行等部门发布的通知公告,虚拟货币不是货币当局发行,不具有法偿性和强制性等货币属性,并不是真正意义上的货币,不具有与货币等同的法律地位,不能且不应作为货币在市场上流通使用,公民投资和交易虚拟货币不受法律保护。

所谓**数字货币**(Digital Currency,缩写 DC),是电子货币形式的替代货币,是一种不受管制的、数字化的货币,通常由开发者发行和管理,被特定虚拟社区的成员所接受和使用。① 欧洲银行业管理局将数字货币定义为:价值的数字化表示,不由央行或当局发行,也不与法币挂钩,但由于被公众所接受,因此可作为支付手段,也可以电子形式转移、存储或交易。

中国央行数字货币是经中国国务院批准计划发行的法定数字货币。2020 年 4 月 15 日,中国央行数字货币(DCEP)在中国农业银行内测,深圳、雄安、成都、苏州为试点城市。

所谓**加密货币**(Cryptocurrency),是数字货币(或称虚拟货币)的一种,是一种使用密码学原理来确保交易安全及控制交易单位创造的交易媒介。① 加密货币基于去中心化的共识机制,与依赖中心化监管体系的银行金融系统相对。去中心化的性质源自于使用分布式账本的区块链(Blockchain)技术。2009 年,比特币(Bitcoin)成为第一个去中心化的加密货币,紧随其后产生了许多加密货币,比如以太币(Ethereum)、瑞波(Ripple)、莱特币(Litecoin)、卡尔达诺(Cardano)、柚子币(EOS)、恒星(Stellar)、系链(Tether)、埃欧塔(IOTA)等。

---

① DOURADO E, BRITO J. Cryptocurrency[OL]. The New Palgrave Dictionary of Economics,2014. DOI:10.1057/978 - 1 - 349 - 95121 - 5_2895 - 1.

在众多虚拟货币、数字货币和加密货币的指数中,以比特币(Bitcoin)、达世币(Dash)和小蚁币(NEO)的货币指数最为丰富,几乎所有世界上的主要货币都有比特币和达世币的货币指数。在介绍达世币指数之前,先简单介绍达世币(Dash)。

达世币(Dash),原名为暗黑币,于 2013 年上线,是一款以比特币为基础,改进并添加了诸如双层奖励制网络(主节点网络)等多项新功能的加密数字货币,其中还包含为提高可互换性的匿名支付和在不依赖中心权威下实现即时交易确认的即时支付功能等,具有良好的匿名性和去中心化特性,是第一个以保护隐私为要旨的数字货币。2015 年 3 月,改名为达世币。

下面简单介绍几种达世币的货币指数。

一、达世币日元指数

达世币日元指数(Dash JPY Index),具体编制方法未披露。表 1-9 给出了 2019 年 10 月 1—18 日达世币日元指数。

表 1-9　　　2019 年 10 月 1—18 日达世币日元指数

日　　期	收盘	开盘	高	低	涨跌幅
2019/10/01	7539	7573	7760	7461	−0.45%
2019/10/02	7558	7539	7564	7408	0.25%
2019/10/03	7397	7569	7585	7248	−2.14%
2019/10/04	7423	7403	7487	7279	0.35%
2019/10/05	7446	7423	7463	7335	0.31%
2019/10/06	7418	7447	7575	7266	−0.38%
2019/10/07	7591	7413	7693	7291	2.33%
2019/10/08	7571	7590	7928	7510	−0.26%

日　　期	收盘	开盘	高	低	涨跌幅
2019/10/09	7898	7553	8007	7530	4.31%
2019/10/10	7824	7903	7973	7581	−0.94%
2019/10/11	7532	7825	7942	7519	−3.73%
2019/10/12	7657	7527	7901	7527	1.66%
2019/10/13	7633	7654	7784	4724	−0.32%
2019/10/14	7710	7636	7750	7586	1.01%
2019/10/15	7767	7710	7918	7668	0.74%
2019/10/16	7396	7764	7782	7273	−4.78%
2019/10/17	7482	7391	7625	7307	1.17%
2019/10/18	7363	7480	7509	4080	−1.59%

二、达世币加元指数

达世币加元指数（Dash CAD Index），具体编制方法未披露。表 1 - 10 给出了 2019 年 10 月 1—18 日达世币加元指数。

表 1 - 10　　　2019 年 10 月 1—18 日达世币加元指数

日　　期	收盘	开盘	高	低	涨跌幅
2019/10/01	92.26	94.16	95.53	91.57	−2.02%
2019/10/02	93.81	92.26	93.9	91.18	1.68%
2019/10/03	92.41	93.81	94.06	90.44	−1.50%
2019/10/04	92.27	92.41	93.09	90.91	−0.15%
2019/10/05	92.8	92.27	92.84	91.36	0.57%
2019/10/06	92.01	92.8	94.15	90.69	−0.86%

续　表

日　　期	收盘	开盘	高	低	涨跌幅
2019/10/07	94.12	92.01	95.44	91.3	2.30%
2019/10/08	94.34	94.12	97.56	93.37	0.23%
2019/10/09	98.35	94.34	99.51	93.59	4.25%
2019/10/10	96.38	98.35	99.14	94.08	−2.00%
2019/10/11	91.71	96.38	97.57	91.56	−4.85%
2019/10/12	93.34	91.71	95.88	91.66	1.78%
2019/10/13	93.07	93.34	94.82	92.95	−0.30%
2019/10/14	94	93.07	94.24	92.78	1.00%
2019/10/15	94.17	94	96.34	93.04	0.18%
2019/10/16	89.71	94.17	94.22	88.29	−4.73%
2019/10/17	90.36	89.71	92.12	88.76	0.72%
2019/10/18	89.13	90.36	90.59	87.77	−1.36%

三、达世币瑞典克朗指数

达世币瑞典克朗指数（Dash SEK Index），具体编制方法未披露。表1-11给出了2019年10月1—18日达世币瑞典克朗指数。

表1-11　　2019年10月1—18日达世币瑞典克朗指数

日　　期	收盘	开盘	高	低	涨跌幅
2019/10/01	689.1	700	710.4	684.1	−1.55%
2019/10/02	694.9	689.1	695.6	680.6	0.85%

日　　期	收盘	开盘	高	低	涨跌幅
2019/10/03	682.9	694.9	696.8	668.6	−1.72％
2019/10/04	682	682.9	687.5	671.5	−0.15％
2019/10/05	685.9	682	686.2	675.2	0.57％
2019/10/06	680.6	685.9	695.9	670.2	−0.76％
2019/10/07	701.4	680.6	710.3	674.7	3.05％
2019/10/08	704	701.4	727.1	697	0.37％
2019/10/09	733.6	704	741.8	699.3	4.21％
2019/10/10	713.6	733.6	739.8	695.9	−2.73％
2019/10/11	681.3	713.6	721.4	680.2	−4.52％
2019/10/12	693.4	681.3	712.4	681	1.78％
2019/10/13	691.8	693.4	704.4	690.3	−0.23％
2019/10/14	697.9	691.8	700.7	688.4	0.87％
2019/10/15	699.4	697.9	715.2	691.6	0.22％
2019/10/16	664.5	699.4	700.2	654.5	−5.00％
2019/10/17	667.9	664.5	681.2	657.4	0.52％
2019/10/18	654.9	667.9	669.4	647.1	−1.95％

四、达世币人民币指数

达世币人民币指数(Dash CNY Index)，具体编制方法未披露。表 1 - 12 给出了 2019 年 10 月 1—18 日达世币人民币指数。

表 1-12　　　2019 年 10 月 1—18 日达世币人民币指数

日　　期	收盘	开盘	高	低	涨跌幅
2019/10/01	498.9	508.3	515.4	495.3	−1.85%
2019/10/02	503.1	498.9	503.5	493.3	0.84%
2019/10/03	495.2	503.1	504.4	485.6	−1.56%
2019/10/04	495.4	495.2	499.4	487.8	0.02%
2019/10/05	498.2	495.4	498.4	490.5	0.57%
2019/10/06	494.3	498.2	505.5	486.8	−0.79%
2019/10/07	505.8	494.3	512.6	490.1	2.33%
2019/10/08	505.9	505.8	523	500.7	0.03%
2019/10/09	525.9	505.9	531.8	502.1	3.95%
2019/10/10	516.1	525.9	530.5	503.8	−1.86%
2019/10/11	492.5	516.1	521.5	491.7	−4.58%
2019/10/12	501.3	492.5	515	492.3	1.78%
2019/10/13	499.7	501.3	509.2	499	−0.32%
2019/10/14	502.3	499.7	503.9	495.6	0.53%
2019/10/15	505	502.3	514.9	498.9	0.55%
2019/10/16	482	505	506.3	474.8	−4.55%
2019/10/17	486.8	482	496.3	477.2	1.00%
2019/10/18	480.9	486.8	487.8	473.3	−1.22%

第六节　货币指数的功能与作用

货币指数在金融市场中主要具有以下功能与作用：

一、信息功能

货币指数主要用于综合计算一国货币对一篮子外国货币加权平均汇率的变动,可以全面地反映一国货币的价值变化。

二、投资功能

由于货币指数是多个汇率的加权平均值,因此货币指数变化相对汇率而言更加平稳,货币指数经常成为投资者的投资对象,并且货币指数经常作为金融衍生品的标的资产。事实上,现在有很多以货币指数为标的资产的金融衍生品,比如美元指数(USDX)期货、欧元指数期货、美元指数期权等。

三、评价功能

货币指数可以作为评价一国货币在外汇市场里的表现以及该国货币价值变化的指标。另外,货币指数也有利于推广该国货币的认可度和知名度。

用途不同,对货币指数的要求也不同。一般来说,反映货币信息的指数应该能够高度精准地反映货币变化趋势;用于金融产品开发的货币指数应该具有可交易性,并且便于产品开发;作为评价标准的货币指数,应该能够较好地跟踪外汇市场,真实全面地反映货币变化情况。

另外,货币汇率指数还可以为央行货币政策的决策提供技术支撑依据,并且货币汇率指数也有利于提高货币的国际地位和国际影响力。

第二章

货币汇率指数编制方法

货币汇率指数编制是一个十分复杂的系统工程,包括许多必要环节,涉及多方面的技术选择。本章将详细介绍货币汇率指数编制方法,其中包括货币汇率指数编制环节、货币篮子的选择方法、货币汇率指数的计算方法和货币汇率指数的修正方法等。

第一节　货币汇率指数编制环节

货币汇率指数编制是一个十分复杂的系统工程,其中包括许多必要环节,比如指数设想、货币篮子选择、指数计算、指数维护、指数评价与改进等。

一、指数设想

指数设想主要是描绘货币汇率指数的未来市场定位,确定货币汇率指数主要功能、类型和服务对象。比如,是反映一国货币在外汇市场中的价格变化,还是用于金融产品开发;是综合指数,还是成分指数等。

一般而言,用于反映一国货币在外汇市场中的价格变化的货币汇率指数应该具有较高的敏感性,可以对外汇市场价格变化准确且快速地加以捕捉。用于金融产品开发的货币汇率指数应该具有较好的稳定性,一般不会发生剧烈的波动。综合指数包含所有货币的汇率,具有更强的代表性,但是数据采集面广,计算复杂且难以突出重点。成分指数具有更大的灵活性,更容易达成市场定位,但是其代表性没有综合指数好。

二、货币篮子选择

编制货币汇率指数的目的是反映一国货币的某种特征,特别是价格变化。因此,我们需要根据指数设想确定货币篮子,为货币汇率指数计算奠定基础。

货币篮子选择包括两个层面:一是选择货币篮子币种的构成,一般按照与本国经贸关系的密切程度进行选择。二是确定各种货币所占的权重,一般选择双边贸易作为计算权重的基础,在此基础上,还可以根据该国在世界经济中的地位、双边资本流动、直接投资等因素对权重进行调整。

货币篮子的选择在货币汇率指数编制中具有非常重要的作用,货币篮子选择的好坏极大地影响货币汇率指数未来运行的好坏。因此,我们将在下节中给出详细的选择方法。

三、指数计算

指数计算就是建立一个综合评价模型,由编制货币汇率指数的样本数据产生货币汇率指数的过程。在编制货币汇率指数时采用的综合评价模型主要分为两大类,即加权模型和非加权模型,其中以加权模型为主,尤其以几何加权平均法为主。货币汇率指数加权模型又分为汇率价格的算术加权模型、汇率价格的几何加权模型、汇率收益率的算术加权模型和汇率收益率的几何加权模型。其中,汇率价格的几何加权模型和汇率收益率的算术加权模型最为常用。货币汇率的非加权模型目前主要存在于理论之中,在实践中还没有发现利用非加权模型编制的货币汇率指数。

对于货币汇率指数计算,除了常规的指数计算,还包括对不断变化的市场行情做出相应的调整或者修正,以保持货币汇率指数反映市场特征的统一性和指数的连贯性。另外,对于加权模型,还需要考虑权重的确定等。

四、指数维护

指数维护主要是通过对指数样本或者指数计算权重的调整,使得指数符合编制设想,并且能够较好地反映市场特征。一般来说,每年都会进行一次指数维护。

一个货币汇率指数,当其运行一段时间以后,该国与其他国家的经贸关系可能会发生较大的变化,外汇市场也可能会发生比较大的变化,进而导致货币篮子不具有应有的代表性,此时就应该对货币汇率指数进行维护。

货币汇率指数的维护,主要包括货币篮子入选币种的调整和各种货币所占权重的调整。其基本维护原则是保持货币汇率指数符合指数设想,同时保持指数的平稳性。

五、指数评价与改进

一个新建的货币指数,当它运行一段时间以后,我们需要对其进行评价,检验其是否实现了早期的指数设想。如果没有很好地实现早期设想,则应该对该指数进行改进,使其更加接近早期指数设想。

第二节　货币篮子的选择方法

在货币指数编制过程中，往往采用成分指数的形式，即一国的货币指数采用与该国存在经贸关系或货币兑换关系的部分国家的汇率（与该国的汇率）进行计算。参与该国货币指数计算的所有外国货币及其所占权重统称为**货币篮子**。因此，确定货币篮子包括两个方面：一是货币篮子中币种的构成；二是货币篮子中各种货币所占的权重。

一、货币篮子中币种的选择

货币篮子中币种的选择在理论上有许多方法，但是实践中主要采用三种方法，即国际贸易额排序法、双边贸易额排序法、特定指数排序法。其中，国际贸易额排序法可以分为进出口贸易总额排序法和区分进口出口的贸易额排序法，双边贸易额排序法可以分为双边进出口贸易总额排序法和区分进口出口的双边贸易额排序法，特定指数排序法包括基于局部均衡分析指数排序法和基于一般均衡分析指数排序法。

另外，从表面上看，外汇交易量排序法也可以作为货币篮子中币种选择的方法之一，但是实践中外汇交易量排序法缺乏可操作性。事实上，与通常的证券交易不同，外汇的现货交易不存在固定的或者集中的交易场所。外汇交易是在全球 4000 多家银行间 24 小时不间断地进行的，各银行的外汇交易量是保密的，没有任何权威机构对外汇成交量进行完全统计，因此，外汇交易行情中没有成交量记录。

(一) 国际贸易额排序法

国际贸易额排序法,是指按照各个国家在一段时间内国际贸易额从大到小排序,选择排序在前的若干种货币进入货币篮子之中。国际贸易额排序法通常采用前一年各国商品进出口额进行排序,选择排序在前的若干种货币进入货币篮子之中,并且各种货币的权重等于该国商品进出额占货币篮子所有国家商品进出口总额的百分比。

国际贸易额排序法可以分为进出口贸易总额排序法和区分进口出口的贸易额排序法。

例如,根据世界贸易组织(World Trade Organization,缩写WTO)发布的数据,2018 年商品进口额排序前 20 的目的地国(地区)、出口额排序前 20 的目的地国(地区)、进出口总额排名前 20 的目的地国(地区)分别见图 2-1 至图 2-3。由于英镑在外汇市场中占有重要地位,因此在此处及后面,如果没有特别说明时,欧盟的数据均减去了英国的相应数据。比如,此处欧盟的进口总额、出口总额、贸易总额都是指欧盟与欧盟之外的目的地国(地区)的贸易,并且减去了与英国的贸易份额。

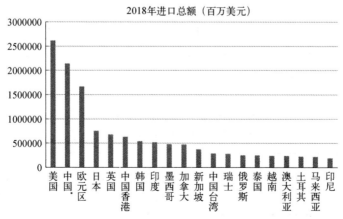

* 数据未包含中国香港、澳门和台湾地区。下同。

图 2-1 2018 年商品进口额排序前 20 的目的地国(地区)

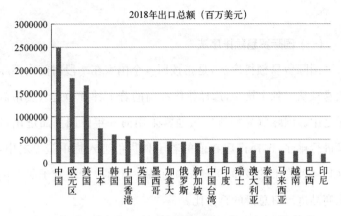

图 2-2　2018 年商品出口额排序前 20 的目的地国(地区)

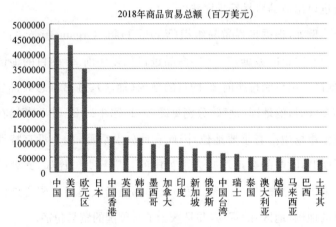

图 2-3　2018 年商品贸易总额排序前 20 的目的地国(地区)

　　从图 2-1 至图 2-3 可以看出,根据 2018 年国际贸易额数据,按照国际贸易额排序法货币篮子备选前 20 种货币所属目的地国(地区)名单,见表 2-1。

表 2-1　　　　　按照国际贸易额排序法货币篮子
备选前 20 种货币所属国(地区)

序号	进口总额排序	出口总额排序	贸易总额排序
1	美国	中国	中国
2	中国*	欧元区	美国

序号	进口总额排序	出口总额排序	贸易总额排序
3	欧元区	美国	欧元区
4	日本	日本	日本
5	英国	韩国	中国香港
6	中国香港	中国香港	英国
7	韩国	英国	韩国
8	印度	墨西哥	墨西哥
9	墨西哥	加拿大	加拿大
10	加拿大	俄罗斯	印度
11	新加坡	新加坡	新加坡
12	中国台湾	中国台湾	俄罗斯
13	瑞士	印度	中国台湾
14	俄罗斯	瑞士	瑞士
15	泰国	澳大利亚	泰国
16	越南	泰国	澳大利亚
17	澳大利亚	马来西亚	越南
18	土耳其	越南	马来西亚
19	马来西亚	巴西	巴西
20	印尼	印尼	土耳其

＊数据未包含中国香港、澳门和台湾地区。下同。

从表 2-1 可以看出,如果根据 2018 年国际贸易额数据,则按照国际贸易额排序法只含 5 种货币的货币篮子入选货币所属目的地国(地区)名单见表 2-2。

表 2-2 　　按照国际贸易额排序法只含 5 种货币的
货币篮子入选货币所属国（地区）

序号	进口总额排序	出口总额排序	贸易总额排序
1	美国	中国	中国
2	中国	欧元区	美国
3	欧元区	美国	欧元区
4	日本	日本	日本
5	英国	韩国	中国香港

（二）双边贸易额排序法

双边贸易额排序法，是指按照一个国家在一段时间内与其他国家双边贸易额从大到小排序，选择排序在前的若干种货币进入货币篮子之中。双边贸易额排序法通常采用前一年货币汇率指数构建国家的双边贸易额进行排序，选择排序在前的若干种货币进入货币篮子之中，并且各种货币的权重等于该国与货币汇率指数构建国的双边贸易额占货币篮子中所有国家与货币汇率指数构建国的双边贸易总额的百分比。

双边贸易额排序法可以分为双边进出口贸易总额排序法和区分进口出口的双边贸易额排序法。

例如，根据中国海关总署网站 2018 年 7 月 12 日数据显示，2017 年中国进口额排序前 20 的国家（地区）、出口额排序前 20 的国家（地区）、进出口总额排序前 20 的国家（地区）分别见图 2-4、图 2-5 和图 2-6。其中，中国从欧盟的进口额、中国向欧盟的出口额、中国与欧盟的贸易总额都减去了中国与英国相应贸易额。

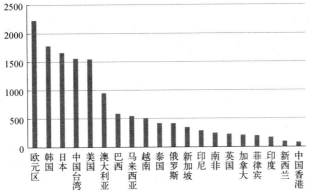

图 2-4 2017 年中国进口额排序前 20 的国家（地区）

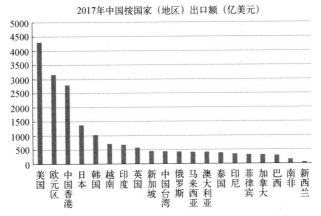

图 2-5 2017 年中国出口额排序前 20 的国家（地区）

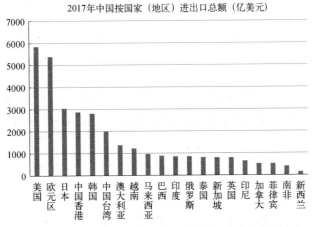

图 2-6 2017 年中国进出口总额排序前 20 的国家（地区）

从图 2-4、图 2-5 和图 2-6 可以看出,根据 2017 年中国双边贸易额数据,按照双边贸易额排序法人民币汇率指数货币篮子备选前 20 种货币所属国家(地区)名单见表 2-3。

表 2-3 按照双边贸易额排序法人民币汇率指数货币
篮子备选前 20 种货币所属国家(地区)

序号	中国进口额排序	中国出口额排序	中国进出口总额排序
1	欧元区	美国	美国
2	韩国	欧元区	欧元区
3	日本	中国香港	日本
4	中国台湾	日本	中国香港
5	美国	韩国	韩国
6	澳大利亚	越南	中国台湾
7	巴西	印度	澳大利亚
8	马来西亚	英国	越南
9	越南	新加坡	马来西亚
10	泰国	中国台湾	巴西
11	俄罗斯	俄罗斯	印度
12	新加坡	马来西亚	俄罗斯
13	印尼	澳大利亚	泰国
14	南非	泰国	新加坡
15	英国	印尼	英国
16	加拿大	菲律宾	印尼
17	菲律宾	加拿大	加拿大
18	印度	巴西	菲律宾
19	新西兰	南非	南非
20	中国香港	新西兰	新西兰

从表 2-3 可以看出,如果根据 2017 年中国贸易额数据,则按照双边贸易额排序法只含 5 种货币的人民币汇率指数货币篮子入选货币所属国家(地区)名单见表 2-4。

表 2-4 　 按照双边贸易额排序法只含 5 种货币的人民币汇率指数货币篮子入选货币所属国家(地区)

序号	中国进口额排序	中国出口额排序	中国进出口总额排序
1	欧元区	美国	美国
2	韩国	欧元区	欧元区
3	日本	中国香港	日本
4	中国台湾	日本	中国香港
5	美国	韩国	韩国

(三) 特定指数排序法

特定指数排序法,是指利用货币汇率的某些属性生成一个特定的指数,然后把所有货币按照这个特定指数从大到小排序,选取排序在前的若干种货币进入货币篮子。

由于影响汇率的因素会影响一国货币的汇率,进而传导影响外汇指数标的货币的汇率,因此特定指数排序法着重利用影响汇率的因素生成一个特定指数,该指数越大表示该货币汇率波动越剧烈,然后利用该指数对所有货币进行排序,选取排序在前的若干种货币进入汇率指数货币篮子。

影响汇率的因素多种多样,而且因素之间的关系错综复杂。从影响汇率变化因素的类别上看,我们可以把影响汇率变化的因素分为经济因素和非经济因素两大类。

首先是经济因素。

影响汇率变化的经济因素很多,主要包括国际收支状况、通货膨胀程度、经济增长率差异、财政收入状况、外汇储备情况等。

其一,国际收支状况。

当一国的国际收支出现顺差时,会引起国外对该国货币需求的增加,进而引起顺差国货币汇率的上升;反之,当一国国际收支出现逆差时,会引起该国对外汇需求的增加,进而导致外汇汇率的上升或逆差国货币汇率的下跌。在国际收支这一影响因素中,经常性收支,尤其贸易收支对外汇汇率起着决定性的作用。

其二,通货膨胀程度。

通货膨胀是影响汇率变动的一个长期因素,主要通过三个方面推动外币汇率上升和本币汇率下降。

一是商品和劳务贸易:一国发生通货膨胀,该国出口商品和劳务的国内成本提高,进而影响其国际价格,削落了该国商品和劳务在国际市场的竞争力,影响其出口外汇收入。同时,在汇率不变的情况下,该国的商品和劳务进口成本会相对下降,进而会刺激进口,外汇支出增加。这样,该国的商品和劳务收支会恶化,由此扩大外汇市场供求的缺口,推动外币汇率上升和本币汇率下降。

二是国际资本流动:如果一国发生通货膨胀,使该国的实际利率降低,投资者为追求较高的利率,就会把资本移向海外,这样,又会导致资本项目收支恶化。资本的过多外流,导致外汇市场外汇供不应求,外汇汇率上升,本币汇率下跌。

三是人们的心理预期:一国通货膨胀不断加重,会影响人们对该国货币汇率走势的心理预期,继而产生有汇惜售、待价而沽、无汇抢购等现象,其结果会推动外汇汇率的上升,本币汇率的下跌。

其三,经济增长率差异。

在其他条件不变的情况下,一国经济增长率较高,其国民收入增加也会较快,这样会使该国增加对外国商品劳务的需求,进而推动该国对外汇的需求,相对于其可得到的外汇供给来说趋于增加,从而导致该国货币汇率下跌。但是需要注意两种特殊情况:一是对于出口导向型国家,经济增长主要是出于出口增加推动的,经济较快增长伴随着出口的高速增长,此时出口增加往往超过进口增加,这样会出现汇率不跌反而上升的现象。二是如果国内外投资者把该国较高的经济增长率视作经济前景看好、资本收益率提高的反映,则会导致外国对本国投资的增加,如果流入的资本能够抵消经常项目的赤字,该国的货币汇率亦可能不跌反升。

其四,财政收支状况。

一国出现财政赤字后,如果其弥补方式不当,汇率就会出现波动,其结果以推动汇率下降为主。一国政府弥补财政赤字的方式有四种:一是提高税率,增加财政收入;二是减少政府开支;三是发行国债;四是增发货币。

其五,外汇储备的多寡。

一般情况下,一国外汇储备充足,该国货币汇率往往会趋于上升;外汇储备不足或太少,该国货币汇率往往会下跌。

其次是非经济因素。

其一,政治局势。

如果一国出现政府经常更迭,国内叛乱、战争,与他国的外交关系恶化以及遇到严重的自然灾害,而这些事件和灾害又未能得到有效控制的话,就会导致国内经济萎缩或瘫痪,导致投资者信心下降而引发资本外逃,其结果会导致各国汇率下跌。

其二,新闻及其他信息。

在外汇市场上,一条新闻,甚至一个谣传都可能掀起轩然大波。尤其是某些市场不太成熟的国家,外汇市场就是"消息市"。因此,外汇汇率时常在这些真假难辩的信息中动荡变化。

其三,心理预期因素。

按照阿夫达里昂的汇兑心理学,一国货币之所以有人要,是因为它有价值,而其价值大小就是人们对其边际效用所做的主观评价。因此,心理预期对货币汇率的影响极大,甚至已成为外汇市场汇率变动的一个关键因素。影响外汇市场交易者心理预期变化的因素很多,主要有一国的经济增长率、国际收支、利率、财政政策及政治局势。

其四,市场投机。

投机者以逐利为主的投机行为,必然影响到汇率的稳定。通常外汇市场投机行为包括两部分:一是稳定性投机,二是非稳定性投机。

其五,中央银行干预。

在开放的市场经济下,中央银行介入外汇市场直接进行货币买卖,对汇率的影响是最直接的,其效果也是极明显的。

通常中央银行干预外汇市场的措施有四种:一是直接在市场上买卖外汇;二是调整国内财政、货币等政策;三是在国际范围公开发表导向性言论以影响市场心理;四是与国际金融组织和有关国家配合或联合,进行直接和间接干预。

特定指数排序法根据货币汇率指数性质不同会有不同的特定指数构建方法,可以分成为编制一篮子货币汇率指数而构建的特定指数和为编制一国货币汇率指数而构建的特定指数。

1. 为编制一篮子货币汇率指数而构建的特定指数

编制一篮子货币汇率指数,货币篮子特别在意入选货币的代表性和影响力,因此,在实践中我们常用国内生产总值、国际收支状况、通货膨胀率、经济增长率、财政收支状况等作为因素生成一个特定指数。例如下述模型:

$$I = I_0 \times GDP \times \frac{1 + \alpha_1 \times BP + \alpha_2 \times IR - \alpha_3 \times RGDP}{1 + FRE}$$

(2.1)

其中，I_0 表示指数的乘子，α_1，α_2，α_3 为权重满足 $\alpha_1 + \alpha_2 + \alpha_3 = 1$，$GDP$ 表示国内生产总值（Gross Domestic Product），BP 表示国际收支状况（Balance of Payments），FRE 表示财政收支状况（Fiscal Revenue and Expenditure），$RGDP$ 表示经济增长率（Rate of GDP），IR 表示通货膨胀率（Inflation Rate）。

另外，需要指出的是，由于 BP，IR，$RGDP$，FRE 数量级不同，在构建特定指数时需要进行标准化处理。我们建议：BP 取经常账户占 GDP 的百分比，$RGDP$ 取 GDP 增长率，FRE 取政府债务占 GDP 的百分比，并且 BP，IR，$RGDP$ 都采用 Z-Score 标准化方法进行标准化，GDP 采用 min-max 标准化方法进行标准化。

比如，取 $I_0 = 1000$，$\alpha_1 = 0.1$，$\alpha_2 = 0.8$，$\alpha_3 = 0.1$，则特定指数公式（2.1）为

$$I_n = 1000 \times \frac{GDP_n - \min\{GDP\}}{\max\{GDP\} - \min\{GDP\}}$$

$$\times \frac{1 + \left(0.1 \times \dfrac{BP_n - \overline{BP}}{std(BP)} + 0.8 \times \dfrac{IR_n - \overline{IR}}{std(IR)} - 0.1 \times \dfrac{RGDP_n - \overline{RGDP}}{std(RGDP)}\right) \Big/ 100}{1 + FRE_n}$$

(2.2)

其中，$\min\{\cdot\}$，$\max\{\cdot\}$，$\overline{(\cdot)}$，$std(\cdot)$ 分别表示取最小值、最大值、样本均值、样本标准差。需要说明一点的是，(2.2) 式分子中除以 100，是因为标准化后的数据不再是百分比，故需要调整成百分比。

利用 Trading Economics 网站 2018 年各国的经常账户占 GDP 百分比、GDP 增长率、政府债务占 GDP 百分比、通货膨胀

率、GDP 5 个因素①,根据特定指数公式(2.2),我们排序前 20 的国家(地区)的特定指数,见表 2 - 5 和图 2 - 7。在表 2 - 5 中,百分比数据均需要除以 100,比如中国通货膨胀率是 3,其表示的含义是 3%。

表 2 - 5 　基于 2018 年数据及特定指数(2.2)计算出的货币篮子排序前 20 备选货币所属国家(地区)

国家 (地区)	经常账户 占 GDP 百分比	GDP 增 长率	政府债务 占 GDP 百分比	通货膨 胀率	GDP (十亿 美元)	特定 指数
中国*	0.4	6	50.5	3	13608.15	1410.05
美国	−2.4	2.3	106.1	1.7	20494.1	1136.18
欧元区	2.9	1.2	85.1	0.8	13669.95	683.44
印度	−2.3	5	68.3	3.99	2726.32	240.18
英国	−3.9	1.3	84.7	1.7	2825.21	132.95
日本	3.5	1	238.2	0.2	4970.92	125.96
韩国	4.7	2	36.6	−0.4	1619.42	109.57
印尼	−3	5.05	29.8	3.39	1042.17	98.29
俄罗斯	7	0.9	13.5	4	1657.6	95.80
巴西	−0.77	1	77.22	2.89	1868.63	86.06
加拿大	−2.6	1.6	89.7	1.9	1709.3	85.65
澳大利亚	−1.5	1.4	40.7	1.6	1432.2	80.16
中国台湾	11.6	2.4	30.9	0.43	589.39	44.73
沙特	9.2	0.5	19.1	−0.7	782.48	44.15
墨西哥	−1.8	−0.8	46	3	1223.81	37.88

---

① Trading Economics [DB/OL]. [2019 - 10 - 27]. https://zh. tradingeconomics.com/indicators.

国家（地区）	经常账户占GDP百分比	GDP增长率	政府债务占GDP百分比	通货膨胀率	GDP（十亿美元）	特定指数
瑞士	10.2	0.2	27.7	0.1	705.5	36.64
泰国	7.5	2.3	41.8	0.32	504.99	35.86
马来西亚	2.3	4.9	51.8	1.1	354.35	33.35
孟加拉国	−3.6	7.9	27.9	5.54	274.03	33.25
菲律宾	−2.4	5.5	41.9	0.9	330.91	33.00

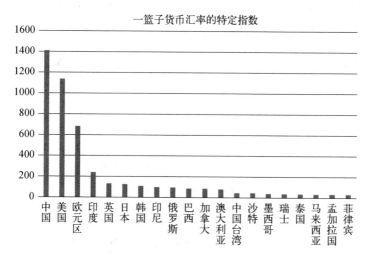

图 2-7　基于 2018 年数据按照特定指数(2.2)排序前 20 的国家(地区)

2. 为编制一国货币汇率指数而构建的特定指数

与为编制一篮子货币汇率指数而构建的特定指数不同，为编制一国货币汇率指数而构建的特定指数更强调他国对该国货币汇率的影响以及该国货币在外汇市场里的价格变化，故在编制一国货币汇率指数实践中，我们常用与该国经贸关系较密切的国家的货币参与计算。这要求我们在构建特定指数时主要考虑两个方面：一是两国经贸密切程度；二是他国对该国货币汇率影响程度。

为编制一国货币汇率指数而构建的特定指数,考虑因素主要包括双边贸易额、国内生产总值、国际收支状况、通货膨胀率、经济增长率、财政收支状况等,例如下述模型:

$$I = I_0 \times (\beta_1 \times GDP + \beta_2 \times BTV)$$

$$\times \frac{1 + \alpha_1 \times BP + \alpha_2 \times IR - \alpha_3 \times RGDP}{1 + FRE} \tag{2.3}$$

其中,I_0 表示指数的乘子,β_1,β_2,α_1,α_2,α_3 为权重满足 $\beta_1 + \beta_2 = 1$ 和 $\alpha_1 + \alpha_2 + \alpha_3 = 1$;$GDP$、$BP$、$IR$、$RGDP$ 和 FRE 含义以及其标准化方法都同(2.1)式中;BTV 表示双边贸易额(Bilateral Trade Volume),采用 min-max 标准化方法进行标准化。

比如,取 $I_0 = 1000$,$\beta_1 = 0.5$,$\beta_2 = 0.5$,$\alpha_1 = 0.1$,$\alpha_2 = 0.8$,$\alpha_3 = 0.1$,则特定指数公式(2.3)为

$$I_n = 100 \times \left(0.5 \times \frac{GDP_n - \min\{GDP\}}{\max\{GDP\} - \min\{GDP\}} \right.$$

$$\left. + 0.5 \times \frac{BTV_n - \min\{BTV\}}{\max\{BTV\} - \min\{BTV\}} \right)$$

$$\times \frac{1 + \left(0.1 \times \dfrac{BP_n - \overline{BP}}{std(BP)} + 0.8 \times \dfrac{IR_n - \overline{IR}}{std(IR)} - 0.1 \times \dfrac{RGDP_n - \overline{RGDP}}{std(RGDP)} \right) \Big/ 100}{1 + FRE_n}$$

$$\tag{2.4}$$

其中,$\min\{\cdot\}$,$\max\{\cdot\}$,$\overline{(\cdot)}$,$std(\cdot)$ 分别表示取最小值、最大值、样本均值、样本标准差。与(2.2)式类似,(2.4)式分子中除以 100,是因为标准化后的数据不再是百分比,故需要调整成百分比。

利用 Trading Economics 网站 2018 年各国的经常账户占
GDP 百分比、GDP 增长率、政府债务占 GDP 百分比、通货膨胀
率、GDP 以及中国与各国的双方贸易额 6 个因素，根据公式
(2.4)，人民币汇率货币篮子排序前 20 的国家（地区）的特定指
数见表 2-6 和图 2-8。在表 2-6 中，百分比数据均需要除以
100，比如中国通货膨胀率是 3，其表示的含义是 3%。

表 2-6　　基于 2018 年数据及特定指数(2.4)计算出的人民币汇
率指数货币篮子排序前 20 备选货币所属国家（地区）

国家（地区）	经常账户占GDP百分比(%)	GDP增长率(%)	政府债务占GDP百分比(%)	通货膨胀率(%)	GDP（十亿美元）	中国与各国(地)贸易额（千亿美元）	人民币特定指数
美国	−2.4	2.3	106.1	1.7	20494.1	633.52	98.0515
欧元区	2.9	1.2	85.1	0.8	13669.95	601.73	79.8742
日本	3.5	1	238.2	0.2	4970.92	327.66	37.5612
韩国	4.7	2	36.6	−0.4	1619.42	313.43	28.7839
中国香港	4.3	0.5	38.4	3.2	362.99	310.56	24.5063
澳大利亚	−1.5	1.4	40.7	1.6	1432.2	152.79	15.2630
印度	−2.3	5	68.3	3.99	2726.32	95.54	13.7046
英国	−3.9	1.3	84.7	1.7	2825.21	80.44	12.9570
巴西	−0.77	1	77.22	2.89	1868.63	111.18	12.8953
越南	3	7.31	57.5	1.98	244.95	147.86	12.1519
俄罗斯	7	0.9	13.5	4	1657.6	107.06	11.9848
马来西亚	2.3	4.9	51.8	1.1	354.35	108.63	9.3798
加拿大	−2.6	1.6	89.7	1.9	1709.3	63.54	8.9751

国家 (地区)	经常账户占GDP百分比(%)	GDP增长率(%)	政府债务占GDP百分比(%)	通货膨胀率(%)	GDP(十亿美元)	中国与各国(地)贸易额(千亿美元)	人民币特定指数
泰国	7.5	2.3	41.8	0.32	504.99	87.52	8.1122
新加坡	17.7	0.1	112.2	0.5	364.16	82.88	7.3465
墨西哥	−1.8	−0.8	46	3	1223.81	58.06	7.2861
沙特	9.2	0.5	19.1	−0.7	782.48	63.34	6.9324
菲律宾	−2.4	5.5	41.9	0.9	330.91	55.67	5.1833
瑞士	10.2	0.2	27.7	0.1	705.5	42.54	5.0508
南非	−3.6	0.9	55.8	4.1	366.3	43.55	4.1375

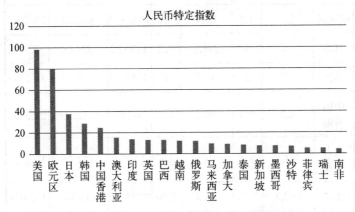

图 2-8 基于 2018 年数据生成的人民币汇率货币
篮子特定指数排序前 20 的国家(地区)

除了上述三种常用的货币篮子选择方法,还有两种常用方法,即局部均衡分析法和一般均衡分析法。

(四) 局部均衡分析法

局部均衡分析法,是指将汇率看作外生变量,只考虑商品流动而忽略资本流动,计算的最优货币权重通常与本国出口量和本国进口量,本国对一国的出口占本国出口总额的比重,本国从一国的进口占本国进口总额的比重,本国出口供给弹性和本国进口需求弹性以及本国的出口竞争力和进口竞争力有关。

局部分析法的追求目标包括稳定有效汇率,稳定实际国民收入增长,稳定贸易余额,稳定贸易条件或贸易品与非贸易品相对价格,稳定外债真实价值。由于局部均衡分析法对数据要求具有灵活性,因此,在确定最优一篮子货币时成为主流研究方法之一。

(五) 一般均衡分析法

一般均衡分析法,弗兰德斯(M. J. Flanders)和赫尔普曼(E. Helpman)宏观经济模型①中,将国际收支的稳定视为一篮子货币制度的追求目标,同时考虑了本国出口需求和本国进口需求量、贸易量对本币汇率变化的弹性、就业水平和贸易条件等一系列变量之间的相互影响。托洛维斯基(S. J. Turnovsky)的宏观经济模型②中,国际贸易方面的因素对最优一篮子货币的权重结构不具有决定性作用,本币与外币之间的双边汇率波动、两国通货膨胀率和利率水平的变动、以及反映经济特征的结构性因素都成为决定最优一篮子货币的关键变量。伯德(G. Bird)和拉詹(R. Rajan)③则将物价稳定和充分就业作为一篮子货币制度的政策目标,兼顾一国的外债结构,根据一国国

---

① FLANDERS M J, HELPMAN E. An optimal exchange rate peg in a world of general floating[J]. The Review of Economic Studies, 1979, 46(3): 533 - 542.

② 斯蒂芬·J. 托洛维斯基. 宏观经济动态学方法[M]. 王根蓓, 译. 2 版. 上海: 上海财经大学出版社, 2002.

③ BIRD G, RAJAN R. Optimal currency baskets and the third currency phenomenon: exchange rate policy in southeast Asia[J]. Journal of international development, 2002, 14: 1053 - 1073.

际贸易状况、外债币种结构和两国物价水平差异确定了最优一篮子货币的三个决定要素。一般均衡分析法往往需要设定复杂的经济主体行为特征函数和各经济变量之间多样的关系方程,要求的数据量和计算大大高于局部均衡分析法,所以尚未成为一篮子货币学术研究的主流研究方法。

二、货币篮子中币种权重的确定

从理论上说,在货币篮子的币种确定以后,我们可以采用各种适合确定权重的方法确定各币种权重,即货币篮子中币种的选择与货币权重的确定可以分两个步骤完成。但是,在实践中我们往往把货币篮子币种的选择与货币权重的确定同时完成,即利用选择货币篮子币种的方法生成相应币种的权重。

下面依次展示各种货币篮子币种权重的结算结果。

(一) 国际贸易额排序法确定权重

基于世界贸易组织发布 2018 年商品贸易数据,计算得到进出口总额排序法、进口额排序法和出口额排序法排名前 20 货币权重,见表 2-7 至表 2-9。

表 2-7   按照 2018 年进出口总额排序法得到的权重

货币名称	所属国家(地区)进出口总额(百万美元)	选 20 种货币权重	选 10 种货币权重	选 5 种货币权重
CNY	4622442	18.13%	23.05%	30.68%
USD	4278370	16.78%	21.33%	28.39%
EUR	3485345	13.67%	17.38%	23.13%
JPY	1486630	5.83%	7.41%	9.87%
HKD	1195068	4.69%	5.96%	7.93%

货币名称	所属国家(地区)进出口总额(百万美元)	选20种货币权重	选10种货币权重	选5种货币权重
GBP	1160257	4.55%	5.79%	
KRW	1140062	4.47%	5.68%	
MXN	927231	3.64%	4.62%	
CAD	921144	3.61%	4.59%	
INR	839243	3.29%	4.18%	
SGD	783837	3.07%		
RUB	691833	2.71%		
TWD	622239	2.44%		
CHF	590274	2.31%		
THB	501157	1.97%		
AUD	492482	1.93%		
VND	480561	1.88%		
MYR	465059	1.82%		
BRL	427830	1.68%		
TRY	390969	1.53%		

在表 2−7 中,"选 n 种货币权重"表示选取商品进出口总额排序前 n 国家的货币进入货币篮子,其货币在货币篮子里的权重,这里我们取 $n=5,10,20$。例如,"选 5 种货币权重"表示选取人民币(CNY)、美元(USD)、欧元(EUR)、日元(JPY)、港元(HKD)进入货币篮子,其中

$$CNY 权重 = \frac{4622442}{4622442 + 4278370 + 3485345 + 1486630 + 1195068}$$

$$= 30.68\%$$

$$USD 权重 = \frac{4278370}{4622442 + 4278370 + 3485345 + 1486630 + 1195068}$$

$$= 28.39\%$$

$$EUR 权重 = \frac{3485345}{4622442 + 4278370 + 3485345 + 1486630 + 1195068}$$

$$= 23.13\%$$

$$JPY 权重 = \frac{1486630}{4622442 + 4278370 + 3485345 + 1486630 + 1195068}$$

$$= 9.87\%$$

$$HKD 权重 = \frac{1195068}{4622442 + 4278370 + 3485345 + 1486630 + 1195068}$$

$$= 7.93\%$$

表 2-8 　　　　按照 2018 年进口额排序法得到的权重

货币名称	所属国家(地区)进口总额(百万美元)	选 20 种货币权重	选 10 种货币权重	选 5 种货币权重
USD	2612378	20.11%	24.98%	33.35%
CNY	2135748	16.44%	20.43%	27.27%
EUR	1662505	12.80%	15.90%	21.22%
JPY	748486	5.76%	7.16%	9.56%
GBP	673662	5.19%	6.44%	8.60%
HKD	626614	4.82%	5.99%	
KRW	535203	4.12%	5.12%	
INR	514464	3.96%	4.92%	
MXN	476545	3.67%	4.56%	
CAD	470558	3.62%	4.50%	
SGD	370882	2.85%		

货币 名称	所属国家（地区） 进口总额（百万美元）	选20种 货币权重	选10种 货币权重	选5种 货币权重
TWD	286331	2.20％		
CHF	279527	2.15％		
RUB	248704	1.91％		
THB	248202	1.91％		
VND	236862	1.82％		
AUD	235385	1.81％		
TRY	223048	1.72％		
MYR	217603	1.67％		
IDR	188707	1.45％		

表2-9 按照2018年出口额排序法得到的权重

货币 名称	所属国家（地区） 出口总额（百万美元）	选20种 货币权重	选10种 货币权重	选5种 货币权重
CNY	2486694	19.86％	25.59％	33.98％
EUR	1822840	14.56％	18.76％	24.91％
USD	1665992	13.30％	17.14％	22.76％
JPY	738144	5.89％	7.60％	10.09％
KRW	604859	4.83％	6.22％	8.26％
HKD	568454	4.54％	5.85％	
GBP	486595	3.89％	5.01％	
MXN	450686	3.60％	4.64％	
CAD	450586	3.60％	4.64％	
RUB	443129	3.54％	4.56％	

货币名称	所属国家(地区)出口总额(百万美元)	选20种货币权重	选10种货币权重	选5种货币权重
SGD	412955	3.30%		
TWD	335908	2.68%		
INR	324779	2.59%		
CHF	310747	2.48%		
AUD	257097	2.05%		
THB	252955	2.02%		
MYR	247456	1.98%		
VND	243699	1.95%		
BRL	239265	1.91%		
IDR	180214	1.44%		

(二)双边贸易额排序法

根据中国海关2017年中国进出口额数据,计算得到人民币汇率指数货币篮子按照双边贸易进出口总额排序法、双边贸易进口额排序法和双边贸易出口额排序法排名前20货币权重,见表2-10至表2-12。

表2-10　　　2017年人民币汇率指数货币篮子按照双边贸易进出口总额排序得到的权重

货币名称	所属国家(地区)进出口总额(亿美元)	选20种货币权重	选10种货币权重	选5种货币权重
USD	5837	17.91%	22.18%	29.31%
EUR	5379	16.50%	20.44%	27.01%
JPY	3030	9.30%	11.51%	15.21%

货币名称	所属国家(地区)进出口总额(亿美元)	选20种货币权重	选10种货币权重	选5种货币权重
HKD	2866	8.79％	10.89％	14.39％
KRW	2803	8.60％	10.65％	14.07％
TWD	1994	6.12％	7.58％	
AUD	1363	4.18％	5.18％	
VND	1213	3.72％	4.61％	
MYR	960	2.95％	3.65％	
BRL	875	2.69％	3.33％	
INR	844	2.59％		
RUB	841	2.58％		
THB	803	2.46％		
SGD	792	2.43％		
GBP	790	2.43％		
IDR	633	1.94％		
CAD	518	1.59％		
PHP	513	1.57％		
ZAR	392	1.20％		
NZD	145	0.44％		

表2-11　　2017年人民币汇率指数货币篮子按照
双边贸易进口总额排序得到的权重

货币名称	所属国家(地区)进口总额(亿美元)	选20种货币权重	选10种货币权重	选5种货币权重
EUR	2226	15.92％	18.95％	25.43％
KRW	1775	12.70％	15.11％	20.29％

货币名称	所属国家（地区）进口总额（亿美元）	选20种货币权重	选10种货币权重	选5种货币权重
JPY	1657	11.85%	14.10%	18.93%
TWD	1554	11.12%	13.23%	17.76%
USD	1539	11.01%	13.11%	17.59%
AUD	948	6.78%	8.07%	
BRL	586	4.19%	4.99%	
MYR	543	3.88%	4.62%	
VND	503	3.60%	4.28%	
THB	416	2.97%	3.54%	
RUB	412	2.95%		
SGD	342	2.45%		
IDR	286	2.04%		
ZAR	243	1.74%		
GBP	223	1.60%		
CAD	204	1.46%		
PHP	192	1.38%		
INR	163	1.17%		
NZD	94	0.67%		
HKD	73	0.52%		

表 2-12　　　　2017 年人民币汇率指数货币篮子按照
双边贸易出口总额排序得到的权重

货币名称	所属国家（地区）出口总额（亿美元）	选20种货币权重	选10种货币权重	选5种货币权重
USD	4298	23.09%	27.74%	33.99%
EUR	3153	16.94%	20.35%	24.94%

货币名称	所属国家（地区）出口总额（亿美元）	选20种货币权重	选10种货币权重	选5种货币权重
HKD	2793	15.01％	18.03％	22.09％
JPY	1373	7.38％	8.86％	10.86％
KRW	1028	5.52％	6.63％	8.13％
VND	709	3.81％	4.58％	
INR	681	3.66％	4.39％	
GBP	567	3.05％	3.66％	
SGD	450	2.42％	2.91％	
TWD	440	2.36％	2.84％	
RUB	429	2.30％		
MYR	417	2.24％		
AUD	414	2.23％		
THB	387	2.08％		
IDR	348	1.87％		
PHP	320	1.72％		
CAD	314	1.69％		
BRL	290	1.56％		
ZAR	148	0.80％		
NZD	51	0.27％		

（三）特定指数排序法

1. 为编制一篮子货币汇率指数而构建的特定指数

利用 Trading Economics 网站 2018 年数据①，为编制一篮

---

① Trading Economics［DB/OL］.［2019 - 10 - 27］. https://zh.tradingeconomics.com/indicators.

子货币汇率指数按照特定指数排序法得到的货币篮子货币权重见表 2-13。

表 2-13　　　　基于 2018 年数据按照特定指数
排序得到货币篮子的权重

货币名称	特定指数	选 20 种货币权重	选 10 种货币权重	选 5 种货币权重
CNY	1410.05	30.77%	34.24%	39.14%
USD	1136.18	24.79%	27.59%	31.54%
EUR	683.44	14.91%	16.59%	18.97%
INR	240.18	5.24%	5.83%	6.67%
GBP	132.95	2.90%	3.23%	3.69%
JPY	125.96	2.75%	3.06%	
KRW	109.57	2.39%	2.66%	
IDR	98.29	2.14%	2.39%	
RUB	95.80	2.09%	2.33%	
BRL	86.06	1.88%	2.09%	
CAD	85.65	1.87%		
AUD	80.16	1.75%		
TWD	44.73	0.98%		
SAR	44.15	0.96%		
MXN	37.88	0.83%		
CHF	36.64	0.80%		
THB	35.86	0.78%		
MYR	33.35	0.73%		
BDT	33.25	0.73%		
PHP	33.00	0.72%		

2. 为编制一国货币汇率指数而构建的特定指数

利用 Trading Economics 网站 2018 年数据①，为编制人民币汇率指数按照特定指数排序法得到的货币篮子权重见表 2-14。

表 2-14　　基于 2018 年数据按照特定指数排序
得到人民币汇率指数货币篮子的权重

货币名称	特定指数	选20种货币权重	选10种货币权重	选5种货币权重
USD	98.0515	23.91%	29.20%	36.48%
EUR	79.8742	19.47%	23.79%	29.72%
JPY	37.5615	9.16%	11.19%	13.97%
KRW	28.7842	7.02%	8.57%	10.71%
HKD	24.5066	5.98%	7.30%	9.12%
AUD	15.2634	3.72%	4.55%	
INR	13.7051	3.34%	4.08%	
GBP	12.9575	3.16%	3.86%	
BRL	12.8958	3.14%	3.84%	
VND	12.1523	2.96%	3.62%	
RUB	11.9852	2.92%		
MYR	9.3803	2.29%		
CAD	8.9756	2.19%		
THB	8.1127	1.98%		
SGD	7.3470	1.79%		
MXN	7.2866	1.78%		

① Trading Economics ［DB/OL］. ［2019 - 10 - 27］. https://zh.tradingeconomics.com/indicators.

货币名称	特定指数	选20种货币权重	选10种货币权重	选5种货币权重
SAR	6.9330	1.69％		
PHP	5.1838	1.26％		
CHF	5.0513	1.23％		
ZAR	4.1381	1.01％		

第三节　货币汇率指数的计算方法

　　货币汇率指数计算是编制货币汇率指数的关键环节之一。从理论上看,货币汇率指数计算是一个关于多指标的综合评价问题,即货币汇率指数计算过程就是由多指标生成综合指标的过程,因此统计上有许多种方法可以进行货币汇率指数计算。在金融实践中,流行的货币汇率指数计算方法分为三大类:平均法、综合法和加权法。

一、平均法

　　平均法是先计算货币篮子中各货币汇率的指数,然后把货币篮子中货币汇率指数的算术平均数作为所求指数。其计算公式为:

$$货币汇率指数 = \frac{货币篮子中所有货币汇率指数之和}{货币篮子中币种个数}$$

　　各个货币篮子中货币的汇率指数可能是其汇率、相对汇率或者特定的汇率函数等。在金融实践中,货币篮子中货币的汇率指数一般采用其相对汇率,即货币的报告期汇率与基期汇率之比。

平均法的优点是易于理解,其缺点是没有考虑不同货币的影响力。

二、综合法

综合法是先将货币篮子中所有货币的报告期汇率和基期汇率分别加总,然后相比作为货币汇率指数。其计算公式为:

$$货币汇率指数 = \frac{货币篮子中所有货币报告期汇率之和}{货币篮子中所有货币基期汇率之和}$$

或

$$货币汇率指数 = \sqrt[货币篮子中货币数]{\frac{货币篮子中所有货币报告期汇率之积}{货币篮子中所有货币基期汇率之积}}$$

公式中的汇率可能是其货币的绝对汇率、相对汇率或者特定的汇率函数等。

综合法的优点是计算简单明了,其缺点是没有考虑不同货币汇率数量级的差异性和不同货币的影响力。

三、加权法

加权法是先将货币篮子中所有货币的报告期汇率和与基期汇率分别加权加总,然后相比作为货币汇率指数。其计算公式为:

$$货币汇率指数 = \frac{货币篮子中所有货币报告期汇率加权和}{货币篮子中所有货币基期汇率加权和}$$

或

$$货币汇率指数 = \frac{货币篮子中所有货币报告期汇率加权积}{货币篮子中所有货币基期汇率加权积}$$

公式中的汇率可能是其货币的绝对汇率、相对汇率或者特定的汇率函数等。

如果加权法中使用的是各种货币的指数进行加权,则其既消除了不同货币汇率数量级的差异性,又考虑了不同货币的影响力的差异。

我们以构建人民币汇率指数为例,展示货币汇率指数的三种计算方法。设人民币汇率指数的基期为 2010 年 1 月 1 日,报告期为 2019 年 11 月 10 日,货币篮子包含 5 种货币,并且按照特定指数法选择入选货币篮子的货币,具体选择结果见表 2-14,即人民币汇率指数货币篮子里的货币为美元(USD)、欧元(EUR)、日元(JPY)、韩元(KRW)和港元(HKD),这 5 种货币的权重见表 2-14 中的"选 5 种货币权重"。

我们从中国银行历史汇率牌价查询网站①获得 USD、EUR、JPY、KRW 和 HKD 在基期和报告期的中行折算价,并且计算得到单个货币指数,取表 2-14 作为权重,见表 2-15。

表 2-15　　　人民币汇率指数货币篮子及其权重

货币名称	基期中行折算价	报告期中行折算价	单个货币指数	权重
USD	682.82	699.45	0.9762	36.48%
EUR	979.71	772.85	1.2677	29.72%
JPY	7.3782	6.3976	1.1533	13.97%
KRW	0.5734	0.6045	0.9486	10.71%
HKD	88.05	89.4	0.9849	9.12%

---

① 中国银行外汇牌价[DB/OL],https://www.boc.cn/sourcedb/whpj/index_2.html[2019-11-11].

下面给出采用不同计算方法得到的 2019 年 11 月 10 日人民币汇率指数:

1. 基于单个货币指数的平均法

$$I_1 = 100 \times \frac{0.9762 + 1.2677 + 1.1533 + 0.9486 + 0.9849}{5}$$

$$= 106.6122$$

2. 基于单个货币指数的综合法

$$I_2 = 100 \times \sqrt[5]{\frac{682.82 \times 979.71 \times 7.3782 \times 0.5734 \times 88.05}{699.45 \times 772.85 \times 6.3976 \times 0.6045 \times 89.4}}$$

$$= 105.9224$$

3. 基于单个货币指数的加权法

$$I_3 = 100 \times 0.9762^{0.3648} \times 1.2677^{0.2972} \times 1.1533^{0.1397}$$
$$\times 0.9486^{0.1071} \times 0.9849^{0.0912}$$
$$= 107.7439$$

从上面计算的人民币汇率指数可以看出,2010 年 1 月 1 日至 2019 年 11 月 10 日,按照三种不同计算方法得到人民币汇率上涨约为 6.6122%、5.9224% 和 7.7439%,平均年增长率近似为 0.65%,0.59% 和 0.76%,说明人民币汇率有较小幅度上升,但是相对稳定。

第四节　货币汇率指数的修正方法

在货币汇率指数运行过程中,可能会遇到一些严重影响指数的事件发生,比如货币篮子中货币非正常增值或贬值,货币所在国家发布货币兑换管制,货币所属国与货币汇率指数标的货币所属国之间的双边贸易发生重大变化等,此时货币汇率指数需要进行修正。

假设货币篮子中共有 m 种货币,记其参与货币汇率指数计算的指标分别为 C_1,C_2,…,C_m,修正前的权重为 w_{01},w_{02},…,w_{0m},指数基数为 B_{01}(加法模型)和 B_{02}(乘法模型),即

加法模型: $$I_1(t) = B_{01} \sum_{k=1}^{m} w_{0k} C_k(t)$$

或

乘法模型: $$I_2(t) = B_{02} \prod_{k=1}^{m} C_k^{w_{0k}}(t)$$

一、货币所在国家发布货币兑换管制

如果货币篮子中的货币所在国家发布货币兑换管制,则该货币流通总量将会受到严重影响,进而导致该货币供需关系失衡,易于引起需求大于供给的情况发生,从而推高该货币在外汇市场的价格。同时,该货币的市场占有率将会严重下降,货币的影响力下降。

由于货币在外汇市场中价格的上升可以通过指数及时自适应地反映,因此在指数修正时不需要考虑货币在外汇市场中价格的上升。因为货币影响力的下降不能在指数中自适应地反映,因此需要对加权类指数需要进行修正,即根据权重确定规则,下调影响力下降的货币所占权重,同时提升货币篮子中其他货币所占权重。

假设货币汇率指数在 t_1 时刻修正,修正后货币篮子中货币的权重分别为 w_{11},w_{12},…,w_{1m},并且设修正后的指数基数为 B_{11}(加法模型)和 B_{12}(乘法模型),即

加法模型：$\qquad I_1(t) = B_{11} \sum_{k=1}^{m} w_{1k} C_k(t), \quad t \geqslant t_1$

或

乘法模型：$\qquad I_2(t) = B_{12} \prod_{k=1}^{m} C_k^{w_{1k}}(t), \quad t \geqslant t_1$

因为指数需要保持连续性，因此，我们有

$$B_{11} \sum_{k=1}^{m} w_{1k} C_k(t_1 -) = B_{01} \sum_{k=1}^{m} w_{0k} C_k(t_1 -)$$

$$B_{12} \prod_{k=1}^{m} C_k^{w_{1k}}(t_1 -) = B_{02} \prod_{k=1}^{m} C_k^{w_{0k}}(t_1 -)$$

解得：

$$B_{11} = B_{01} \cdot \frac{\sum_{k=1}^{m} w_{0k} C_k(t_1 -)}{\sum_{k=1}^{m} w_{1k} C_k(t_1 -)}$$

$$B_{12} = B_{02} \cdot \frac{\prod_{k=1}^{m} C_k^{w_{0k}}(t_1 -)}{\prod_{k=1}^{m} C_k^{w_{1k}}(t_1 -)}$$

因此，修正后的货币汇率指数为：

加法模型：$\qquad I_1(t) = B_{11} \sum_{k=1}^{m} w_{1k} C_k(t), \quad t \geqslant t_1$

或

乘法模型：$\qquad I_2(t) = B_{12} \prod_{k=1}^{m} C_k^{w_{1k}}(t), \quad t \geqslant t_1$

其中，$B_{11} = B_{01} \cdot \dfrac{\sum_{k=1}^{m} w_{0k} C_k(t_1 -)}{\sum_{k=1}^{m} w_{1k} C_k(t_1 -)}$，$B_{12} = B_{02} \cdot \dfrac{\prod_{k=1}^{m} C_k^{w_{0k}}(t_1 -)}{\prod_{k=1}^{m} C_k^{w_{1k}}(t_1 -)}$

二、货币篮子部分货币未交易

如果货币篮子中的部分货币未交易，此时货币指数是否需要调整以及如何调整的情况比较复杂,我们分情况而论。货币篮子中的部分货币未交易主要包括几种情况:临时停牌、短期停牌、长期停牌。

(一) 临时停牌

临时停牌是指某种货币在正常交易时间内由于特殊原因而导致其临时停止交易,并且于同一个交易日内恢复其正常交易的事件。由于外汇市场的无形性、全球化特点,临时停牌的可能性极低,但是编制货币汇率指数时往往只是采用某一个金融机构的外汇实时数据作为样本,因此其中某种货币临时停牌的可能性还是存在的。

如果货币篮子内某种货币临时停牌,我们就取其停牌时的收盘价作为该货币的样本数据参与计算,直到其恢复正常交易。

(二) 短期停牌

短期停牌是指某种货币在某一个交易日或者连续两个交易日停止交易的事件。同样由于外汇市场的无形性、全球化特点,临时停牌的可能性极低,但是编制货币汇率指数时往往只是采用某一个金融机构的外汇实时数据作为样本,因此其中某种货币短期停牌的可能性还是存在的。

如果货币篮子内某种货币短期停牌,我们就取其停牌前一日的收盘价为该货币的样本数据参与计算,直到其恢复正常交易。

(三) 长期停牌

长期停牌是指某种货币在连续两个以上交易日(不含两个交易日)停止交易的事件。货币在外汇市场里长期停牌往往是货币发行国的货币政策、国际关系或者其国内政治经济的特殊情况导致的。

如果货币篮子里某种货币长期停牌,我们把该货币从货币篮子中剔除,并且重新计算货币指数的基数。

第三章

现有货币汇率指数的缺陷

货币的汇率指数反映了该货币在外汇市场的相对价值大小，因此，从理论上说，两种货币汇率指数之比应该能反映这两种货币汇率的大小关系。也就是说，对于货币 A 和 B，记 I_A 和 I_B 分别为它们的汇率指数，r_{AB} 为货币 A 兑货币 B 的汇率，则存在一个常数 $k_{AB} > 0$，使得

$$k_{AB} \cdot I_A/I_B = r_{AB} \qquad (3.1)$$

本章主要利用金融市场中的货币汇率指数实际数据检验实际市场中的货币汇率指数是否满足(3.1)式，或者在不满足(3.1)式时与(3.1)式偏差有多大。

第一节　现有货币汇率指数实证研究

一、数据准备

从英为财情网站① 下载了美元(USD)、英镑(GBP)和欧元(EUR)三种货币的汇率指数以及它们之间的两两汇率，数据时间段为 2020 年 5 月 6 日至 6 月 5 日，数据字段名含义见表3-1，具体数据见表3-2和表3-3。

---

① 英为财情[DB/OL].https://cn.investing.com/.

表 3－1 下载数据的字段名及其含义

符号	含义	符号	含义	符号	含义
USD Index	美元指数	USD/GBP	美元兑英镑汇率	GBP/USD	英镑兑美元汇率
GBP Index	英镑指数	USD/EUR	美元兑欧元汇率	EUR/USD	欧元兑美元汇率
EUR Index	欧元指数	GBP/EUR	英镑兑欧元汇率	EUR/GBP	欧元兑英镑汇率

表 3－2 美元指数、英镑指数和欧元指数

日　　期	USD Index	GBP Index	EUR Index
2020/05/06	99.75	123.39	101.15
2020/05/07	99.81	123.56	101.19
2020/05/08	99.10	124.06	99.92
2020/05/11	99.12	123.32	100.00
2020/05/12	99.66	122.63	100.03
2020/05/13	99.58	122.36	100.07
2020/05/14	100.15	122.25	100.10
2020/05/15	100.08	121.06	100.29
2020/05/18	99.58	121.98	100.43
2020/05/19	99.23	122.45	100.49
2020/05/20	99.00	122.36	100.54
2020/05/21	99.02	122.28	100.60
2020/05/22	99.39	121.73	100.18
2020/05/25	99.69	—	100.28
2020/05/26	98.90	123.33	100.29

日　　期	USD Index	GBP Index	EUR Index
2020/05/27	98.72	122.59	100.41
2020/05/28	98.35	123.17	100.45
2020/05/29	97.94	123.44	101.73
2020/06/01	97.79	124.96	101.82
2020/06/02	97.43	125.51	101.94
2020/06/03	97.18	125.76	102.00
2020/06/04	96.57	126.03	102.00
2020/06/05	96.44	126.66	101.48

表 3 - 3　　　　美元、英镑和欧元的两两汇率

日　　期	USD/GBP	GBP/USD	USD/EUR	EUR/USD	GBP/EUR	EUR/GBP
2020/05/06	0.8102	1.2343	0.9263	1.0795	1.1434	0.8746
2020/05/07	0.8088	1.2363	0.9230	1.0834	1.1411	0.8763
2020/05/08	0.8059	1.2409	0.9225	1.0841	1.1447	0.8736
2020/05/11	0.8106	1.2336	0.9252	1.0808	1.1415	0.8761
2020/05/12	0.8156	1.2261	0.9219	1.0848	1.1302	0.8848
2020/05/13	0.8176	1.2230	0.9244	1.0818	1.1306	0.8845
2020/05/14	0.8178	1.2228	0.9255	1.0805	1.1317	0.8837
2020/05/15	0.8260	1.2106	0.9245	1.0816	1.1193	0.8935
2020/05/18	0.8201	1.2193	0.9164	1.0913	1.1174	0.8949
2020/05/19	0.8162	1.2253	0.9155	1.0923	1.1217	0.8914
2020/05/20	0.8170	1.2241	0.9108	1.0979	1.1149	0.8970
2020/05/21	0.8181	1.2224	0.9132	1.0950	1.1163	0.8959

日　　期	USD/GBP	GBP/USD	USD/EUR	EUR/USD	GBP/EUR	EUR/GBP
2020/05/22	0.8214	1.2166	0.9173	1.0902	1.1168	0.8954
2020/05/25	0.8204	1.2190	0.9174	1.0900	1.1183	0.8942
2020/05/26	0.8109	1.2333	0.9106	1.0982	1.1230	0.8904
2020/05/27	0.8162	1.2252	0.9086	1.1005	1.1133	0.8982
2020/05/28	0.8117	1.2320	0.9028	1.1078	1.1121	0.8992
2020/05/29	0.8099	1.2346	0.9010	1.1099	1.1123	0.8990
2020/06/01	0.8004	1.2494	0.8981	1.1135	1.1221	0.8913
2020/06/02	0.7968	1.2550	0.8952	1.1171	1.1235	0.8900
2020/06/03	0.7952	1.2574	0.8902	1.1234	1.1193	0.8934
2020/06/04	0.7939	1.2595	0.8820	1.1338	1.1109	0.9002
2020/06/05	0.7896	1.2665	0.8860	1.1286	1.1222	0.8911

二、基于货币汇率指数拟合汇率

利用表 3－2,我们计算出美元指数、英镑指数和欧元指数的两两比值,其中由于 2020 年 5 月 25 日英镑指数缺失而删除 2020 年 5 月 25 日数据。计算获得的详细结果见表 3－4。其中,I_{USD}/I_{GBP}, I_{GBP}/I_{USD}, I_{USD}/I_{EUR}, I_{EUR}/I_{USD}, I_{GBP}/I_{EUR} 和 I_{EUR}/I_{GBP} 分别表示美元指数与英镑指数、英镑指数与美元指数、美元指数与欧元指数、欧元指数与美元指数、英镑指数与欧元指数、欧元指数与英镑指数之比,如：$I_{USD}/I_{GBP} = USD\ Index/GBP\ Index$。

表 3-4　　美元指数、英镑指数和欧元指数的两两比值

日　　期	I_{USD}/I_{GBP}	I_{GBP}/I_{USD}	I_{USD}/I_{EUR}	I_{EUR}/I_{USD}	I_{GBP}/I_{EUR}	I_{EUR}/I_{GBP}
2020/05/06	0.8084	1.2370	0.9862	1.0140	1.2199	0.8198
2020/05/07	0.8078	1.2380	0.9864	1.0138	1.2211	0.8190
2020/05/08	0.7988	1.2519	0.9918	1.0083	1.2416	0.8054
2020/05/11	0.8038	1.2441	0.9912	1.0089	1.2332	0.8109
2020/05/12	0.8127	1.2305	0.9963	1.0037	1.2259	0.8157
2020/05/13	0.8138	1.2288	0.9951	1.0049	1.2227	0.8178
2020/05/14	0.8192	1.2207	1.0005	0.9995	1.2213	0.8188
2020/05/15	0.8267	1.2096	0.9979	1.0021	1.2071	0.8284
2020/05/18	0.8164	1.2249	0.9915	1.0085	1.2146	0.8233
2020/05/19	0.8104	1.2340	0.9875	1.0127	1.2185	0.8207
2020/05/20	0.8091	1.2360	0.9847	1.0156	1.2170	0.8217
2020/05/21	0.8098	1.2349	0.9843	1.0160	1.2155	0.8227
2020/05/22	0.8165	1.2248	0.9921	1.0079	1.2151	0.8230
2020/05/26	0.8019	1.2470	0.9861	1.0141	1.2297	0.8132
2020/05/27	0.8053	1.2418	0.9832	1.0171	1.2209	0.8191
2020/05/28	0.7985	1.2524	0.9791	1.0214	1.2262	0.8155
2020/05/29	0.7934	1.2604	0.9627	1.0387	1.2134	0.8241
2020/06/01	0.7826	1.2778	0.9604	1.0412	1.2273	0.8148
2020/06/02	0.7763	1.2882	0.9558	1.0463	1.2312	0.8122
2020/06/03	0.7727	1.2941	0.9527	1.0496	1.2329	0.8111
2020/06/04	0.7662	1.3051	0.9468	1.0562	1.2356	0.8093
2020/06/05	0.7614	1.3134	0.9503	1.0523	1.2481	0.8012

利用表 3-3 和 3-4 中 2020 年 5 月份数据采用最小二乘法估计(3.1)中最优的 k,即

$$\hat{k}_{AB} = \min_k \sum \left(k \cdot \frac{I_A}{I_B} - R_{AB} \right)^2$$

比如:

$$\hat{k}_{UG} = \min_k \sum_{t=2020/5/6}^{2020/5/29} \left(k \cdot \frac{I_{USD}}{I_{GBP}} - USD/GBP \right)^2$$

计算结果见表 3-5。

表 3-5　　　　　式(3.1)中 k 的估计值

符　号	$\hat{k}_{UG}$	$\hat{k}_{GU}$	$\hat{k}_{UE}$	$\hat{k}_{EU}$	$\hat{k}_{GE}$	$\hat{k}_{EG}$
估计值	1.0073	0.9925	0.9281	1.0774	0.9213	1.0854

利用表 3-4 和表 3-5 可以得到基于货币汇率指数拟合的汇率,根据(3.1)得:

$$R_{AB} = k_{AB} \cdot I_A / I_B$$

比如 $R_{UG} = k_{UG} \cdot I_{USD} / I_{GBP}$。 基于货币汇率指数计算得到的汇率估计值见表 3-6。

表 3-6　　　　基于货币汇率指数计算得到的汇率估计值

日　　期	R_{UG}	R_{GU}	R_{UE}	R_{EU}	R_{GE}	R_{EG}
2020/05/06	0.8143	1.2277	0.9153	1.0925	1.1239	0.8898
2020/05/07	0.8137	1.2287	0.9155	1.0923	1.1250	0.8889
2020/05/08	0.8047	1.2425	0.9205	1.0863	1.1439	0.8742
2020/05/11	0.8097	1.2348	0.9200	1.0870	1.1362	0.8802
2020/05/12	0.8187	1.2213	0.9247	1.0814	1.1295	0.8854

日　　期	R_{UG}	R_{GU}	R_{UE}	R_{EU}	R_{GE}	R_{EG}
2020/05/13	0.8198	1.2196	0.9236	1.0827	1.1265	0.8877
2020/05/14	0.8252	1.2115	0.9286	1.0769	1.1252	0.8888
2020/05/15	0.8328	1.2006	0.9262	1.0797	1.1121	0.8992
2020/05/18	0.8224	1.2158	0.9203	1.0866	1.1190	0.8937
2020/05/19	0.8163	1.2248	0.9165	1.0911	1.1227	0.8908
2020/05/20	0.8150	1.2267	0.9139	1.0942	1.1213	0.8919
2020/05/21	0.8157	1.2257	0.9135	1.0946	1.1199	0.8930
2020/05/22	0.8225	1.2156	0.9208	1.0860	1.1195	0.8933
2020/05/26	0.8078	1.2377	0.9153	1.0926	1.1330	0.8827
2020/05/27	0.8112	1.2325	0.9125	1.0959	1.1248	0.8891
2020/05/28	0.8044	1.2430	0.9087	1.1004	1.1297	0.8852
2020/05/29	0.7992	1.2509	0.8935	1.1191	1.1179	0.8945
2020/06/01	0.7883	1.2683	0.8914	1.1218	1.1307	0.8844
2020/06/02	0.7820	1.2786	0.8871	1.1273	1.1344	0.8816
2020/06/03	0.7784	1.2844	0.8843	1.1309	1.1359	0.8804
2020/06/04	0.7719	1.2953	0.8787	1.1380	1.1384	0.8785
2020/06/05	0.7670	1.3035	0.8820	1.1337	1.1499	0.8697

三、基于货币汇率指数拟合汇率的相对偏差分析

　　表3-6给出了基于货币汇率指数计算得到的汇率估计值。下面我们计算这种汇率估计值与汇率真实值的相对偏差（Relative deviation）。比如：

$$RD_{UG} = \frac{R_{UG} - USD/GBP}{USD/GBP} \qquad (3.2)$$

表 3-7　　基于汇率指数的估计汇率与真实汇率的相对偏差

日　　期	RD_{UG}	RD_{GU}	RD_{UE}	RD_{EU}	RD_{GE}	RD_{EG}
2020/05/06	0.51%	−0.53%	−1.19%	1.21%	−1.71%	1.74%
2020/05/07	0.61%	−0.62%	−0.82%	0.82%	−1.41%	1.44%
2020/05/08	−0.15%	0.13%	−0.22%	0.21%	−0.07%	0.07%
2020/05/11	−0.12%	0.10%	−0.57%	0.57%	−0.47%	0.47%
2020/05/12	0.37%	−0.39%	0.30%	−0.31%	−0.06%	0.07%
2020/05/13	0.27%	−0.28%	−0.09%	0.09%	−0.36%	0.36%
2020/05/14	0.91%	−0.92%	0.33%	−0.33%	−0.57%	0.57%
2020/05/15	0.82%	−0.83%	0.18%	−0.18%	−0.64%	0.64%
2020/05/18	0.28%	−0.29%	0.42%	−0.43%	0.15%	−0.14%
2020/05/19	0.01%	−0.04%	0.11%	−0.11%	0.09%	−0.07%
2020/05/20	−0.24%	0.21%	0.34%	−0.34%	0.57%	−0.57%
2020/05/21	−0.29%	0.27%	0.04%	−0.04%	0.32%	−0.32%
2020/05/22	0.13%	−0.08%	0.38%	−0.39%	0.24%	−0.24%
2020/05/26	−0.38%	0.36%	0.51%	−0.51%	0.89%	−0.87%
2020/05/27	−0.61%	0.60%	0.43%	−0.42%	1.04%	−1.02%
2020/05/28	−0.91%	0.89%	0.66%	−0.67%	1.58%	−1.55%
2020/05/29	−1.32%	1.32%	−0.83%	0.83%	0.51%	−0.50%
2020/06/01	−1.51%	1.51%	−0.75%	0.75%	0.77%	−0.77%
2020/06/02	−1.86%	1.88%	−0.91%	0.91%	0.97%	−0.94%
2020/06/03	−2.11%	2.15%	−0.67%	0.66%	1.49%	−1.46%
2020/06/04	−2.77%	2.84%	−0.37%	0.37%	2.47%	−2.41%
2020/06/05	−2.86%	2.92%	−0.45%	0.45%	2.47%	−2.41%

对表 3-7 进行简单统计可得表 3-8。

表 3-8　基于汇率指数的估计汇率与真实汇率相对偏差的描述性统计

统计量	RD_{UG}	RD_{GU}	RD_{UE}	RD_{EU}	RD_{GE}	RD_{EG}
MAX	0.91%	2.92%	0.66%	1.21%	2.47%	1.74%
MIN	−2.86%	−0.92%	−1.19%	−0.67%	−1.71%	−2.41%
MEAN	−0.51%	0.51%	−0.14%	0.14%	0.38%	−0.36%
STD	1.11%	1.13%	0.55%	0.56%	1.07%	1.06%

从表 3-8 可以看出,利用货币汇率指数拟合的汇率与真实汇率相对偏差还是比较大的。比如,利用英镑指数和欧元指数计算的英镑兑欧元汇率与其真实汇率的相对偏差平均值 $\overline{RD_{GE}}=0.38\%$,利用英镑指数和欧元指数计算的欧元兑英镑汇率与其真实汇率的相对偏差平均值 $\overline{RD_{EG}}=-0.36\%$,即用货币汇率指数比值估计的汇率与真实汇率相对偏差在 10^{-3} 数量级,其中最大偏差可以达到 2.92%。

四、基于货币汇率指数拟合汇率的误差分析

利用表 3-6 给出的基于货币汇率指数得到的汇率估计值,计算这种汇率估计值与汇率真实值的相对误差。比如:

$$ERROR_{UG}=\left|\frac{R_{UG}-USD/GBP}{USD/GBP}\right| \qquad (3.2)$$

表 3-9　基于货币汇率指数估计的汇率与真实汇率的相对误差

日 期	$ERROR_{UG}$	$ERROR_{GU}$	$ERROR_{UE}$	$ERROR_{EU}$	$ERROR_{GE}$	$ERROR_{EG}$
2020/05/06	0.51%	0.53%	1.19%	1.21%	1.71%	0.51%

日 期	$ERROR_{LG}$	$ERROR_{GU}$	$ERROR_{UE}$	$ERROR_{EU}$	$ERROR_{GE}$	$ERROR_{EG}$
2020/05/07	0.61%	0.62%	0.82%	0.82%	1.41%	0.61%
2020/05/08	0.15%	0.13%	0.22%	0.21%	0.07%	0.15%
2020/05/11	0.12%	0.10%	0.57%	0.57%	0.47%	0.12%
2020/05/12	0.37%	0.39%	0.30%	0.31%	0.06%	0.37%
2020/05/13	0.27%	0.28%	0.09%	0.09%	0.36%	0.27%
2020/05/14	0.91%	0.92%	0.33%	0.33%	0.57%	0.91%
2020/05/15	0.82%	0.83%	0.18%	0.18%	0.64%	0.82%
2020/05/18	0.28%	0.29%	0.42%	0.43%	0.15%	0.28%
2020/05/19	0.01%	0.04%	0.11%	0.11%	0.09%	0.01%
2020/05/20	0.24%	0.21%	0.34%	0.34%	0.57%	0.24%
2020/05/21	0.29%	0.27%	0.04%	0.04%	0.32%	0.29%
2020/05/22	0.13%	0.08%	0.38%	0.39%	0.24%	0.13%
2020/05/26	0.38%	0.36%	0.51%	0.51%	0.89%	0.38%
2020/05/27	0.61%	0.60%	0.43%	0.42%	1.04%	0.61%
2020/05/28	0.91%	0.89%	0.66%	0.67%	1.58%	0.91%

日　期	$ERROR_{UG}$	$ERROR_{GU}$	$ERROR_{UE}$	$ERROR_{EU}$	$ERROR_{GE}$	$ERROR_{EG}$
2020/05/29	1.32%	1.32%	0.83%	0.83%	0.51%	1.32%
2020/06/01	1.51%	1.51%	0.75%	0.75%	0.77%	1.51%
2020/06/02	1.86%	1.88%	0.91%	0.91%	0.97%	1.86%
2020/06/03	2.11%	2.15%	0.67%	0.66%	1.49%	2.11%
2020/06/04	2.77%	2.84%	0.37%	0.37%	2.47%	2.77%
2020/06/05	2.86%	2.92%	0.45%	0.45%	2.47%	2.86%

对表 3 - 9 进行简单统计可得表 3 - 10。

表 3 - 10　　　　基于汇率指数得到的汇率估计值与
真实汇率相对误差的描述性统计

统计量	$ERROR_{UG}$	$ERROR_{GU}$	$ERROR_{UE}$	$ERROR_{EU}$	$ERROR_{GE}$	$ERROR_{EG}$
MAX	2.86%	2.92%	1.19%	1.21%	2.47%	2.41%
MIN	0.01%	0.04%	0.04%	0.04%	0.06%	0.07%
MEAN	0.87%	0.87%	0.48%	0.48%	0.86%	0.85%
STD	0.85%	0.87%	0.29%	0.30%	0.72%	0.71%

从表 3 - 10 可以看出,利用货币汇率指数拟合的汇率与真实汇率相对误差还是比较大的。比如,利用英镑指数和欧元指数计算的英镑兑欧元汇率与其真实汇率的相对误差平均值 $\overline{ERROR_{GE}} = 0.86\%$,利用美元指数和欧元指数计算的美元兑欧元汇率与其真实汇率的相对误差平均值 $\overline{ERROR_{UE}} = 0.48\%$,

即用货币汇率指数比值估计的汇率与真实汇率相对偏差在 10^{-3} 数量级,其中最大偏差可以达到 2.92%。

第二节　现有货币汇率指数的缺陷

货币汇率指数是反映该种指定货币价格变化的统计指数。因此,货币汇率指数应该围绕货币在外汇市场中的价值波动的。进而可得,任意两种货币汇率指数的比值应该近似等于这两种货币汇率的固定倍数,即满足(3.1)式。

从第一节表 3-8 和表 3-10 可以看出,利用货币汇率指数计算出来的汇率与真实汇率相比误差都是比较大的。比如,利用英镑指数与美元指数计算出来的英镑兑美元汇率与真实的英镑兑美元汇率最大相差 2.92%,然而真实汇率一天内波动幅度并不大,因此利用英镑指数与美元指数计算出的英镑兑美元汇率几乎不能作为英镑兑美元汇率的估计,因为误差太大了。

通过表 3-8、表 3-10 和(3.1)式对比可以看出,现有货币汇率指数不满足(3.1)式,或者说现有货币汇率指数的比值与(3.1)式偏差较大,相对偏差平均值为 10^{-3} 数量级,其中最大偏差可以达到 2.92%。进而可以推出,现有货币汇率指数不能很好地反映对应货币价格变化情况,这是现有货币汇率指数最大的缺陷。

第四章

货币汇率指数编制的新方法

前文我们已经指出,现有货币指数存在一定的缺陷,即现有货币指数并不能很好地反映对应货币价格变化情况。在本章中,我们首先建立货币汇率指数产生原理,然后基于该理论提出一套货币汇率指数编制方法,基于该方法编制的货币汇率指数在理论上可以非常完美地反映出对应货币价格变化情况,在实证分析中也确实可以更好地反映出对应货币价格变化情况。

第一节　货币汇率指数编制概念

假设在某个金融市场中有 n 种货币 C_1,C_2,$\cdots$,C_n,其中 n 为正整数。记货币 C_i 兑换货币 C_j 的汇率为 R_{ij},其中 i,$j=1$,2,$\cdots$,n,则 $R=(R_{ij})_{n\times n}$ 称为货币 C_1,C_2,$\cdots$,C_n 的**汇率矩阵**。显然,$R_{ii}\equiv 1$ 对所有 $i=1$,2,$\cdots$,n 都成立。

一个投资者,当其用货币 C_i 兑换货币 C_j 时,i,$j=1$,2,$\cdots$,n,假设他的潜意识里存在两个正数 V_i 和 V_j 使得 $R_{ij}=\dfrac{V_i}{V_j}$,其中 V_i 和 V_j 分别表示货币 C_i 和 C_j 在外汇市场中的价值,因此,货币 C_1,C_2,$\cdots$,C_n 的汇率矩阵

$$R \equiv (R_{ij})_{n \times n} = \begin{bmatrix} \dfrac{V_1}{V_1} & \dfrac{V_1}{V_2} & \cdots & \dfrac{V_1}{V_n} \\ \dfrac{V_2}{V_1} & \dfrac{V_2}{V_2} & \cdots & \dfrac{V_2}{V_n} \\ \cdots & \cdots & \cdots & \cdots \\ \dfrac{V_n}{V_1} & \dfrac{V_n}{V_2} & \cdots & \dfrac{V_n}{V_n} \end{bmatrix}$$

$$= \begin{bmatrix} V_1 \\ V_2 \\ \vdots \\ V_n \end{bmatrix} \begin{bmatrix} \dfrac{1}{V_1} & \dfrac{1}{V_2} & \cdots & \dfrac{1}{V_n} \end{bmatrix}$$

即

$$(R_{ij})_{n \times n} = \begin{bmatrix} V_1 \\ V_2 \\ \vdots \\ V_n \end{bmatrix} \begin{bmatrix} \dfrac{1}{V_1} & \dfrac{1}{V_2} & \cdots & \dfrac{1}{V_n} \end{bmatrix} \tag{4.1}$$

则 cV_1，cV_2，$\cdots$，cV_n 作为货币 C_1，C_2，$\cdots$，C_n 的汇率指数比较合理,其中 $c > 0$ 为事先选定的正常数。

例如,假设某一天在金融市场中的美元(USD)、英镑(GBP)和人民币(CNY)的汇率矩阵为

$$R = \begin{bmatrix} 1 & 0.7584 & 6.73 \\ 1.3186 & 1 & 8.8739 \\ 0.1486 & 0.1127 & 1 \end{bmatrix}$$

即美元兑英镑汇率为 0.7584,美元兑人民币汇率为 6.73,英镑兑美元汇率为 1.3186,英镑兑人民币汇率为 8.8739,人民币对美元汇率为 0.1486,人民币对英镑汇率为 0.1127,则存在 $V = (6.73, 8.8739, 1)$ 使得

$$R = \begin{bmatrix} 1 & 0.7584 & 6.73 \\ 1.3186 & 1 & 8.8739 \\ 0.1486 & 0.1127 & 1 \end{bmatrix}$$

$$= \begin{bmatrix} 6.73 \\ 8.8739 \\ 1 \end{bmatrix} \begin{bmatrix} \dfrac{1}{6.73} & \dfrac{1}{8.8739} & \dfrac{1}{1} \end{bmatrix}$$

此时，$V = (6.73, 8.8739, 1)$ 可以作为美元、英镑、人民币在汇率市场中的相对价值体现，而对于任意事先选定的 $c > 0$，则 $6.73c$，$8.8739c$，c 也可以作为美元、英镑和人民币的汇率指数。

定义 4.1[①]：设 V_1，V_2，$\cdots$，V_n 是货币 C_1，C_2，$\cdots$，C_n 在某金融市场中的价值，则对于任意的 $k = 1, 2, \cdots, n$ 和事先选定的实数 $B > 0$，称 BV_k 为货币 C_k 的绝对汇率指数，记为 I_k，即

$$I_k = B \cdot V_k \tag{4.2}$$

其中，正实数 B 称为**货币汇率指数的基数**。

在金融实践中，货币 C 在某汇率市场中的价值难以获得，因此，下面我们给出货币的相对汇率指数概念。

定义 4.2[②]：设 V_1，V_2，$\cdots$，V_n 是货币 C_1，C_2，$\cdots$，C_n 在某金融市场中的价值，则对于任意的 $k = 1, 2, \cdots, n$ 和事先选定的实数 $B > 0$，称 $\dfrac{B \cdot V_k}{\overline{V}}$ 为货币 C_k 的**相对汇率指数**，记为 RI_k，即

$$RI_k = \frac{B \cdot V_k}{\overline{V}} \tag{4.3}$$

[①] 对于任意选定的正实数 B，以 B 为基数的货币 C 的绝对汇率指数等于 B 乘以货币 C 在某汇率市场中的价值，因此，货币的绝对汇率指数可以较好地度量货币在特定汇率市场中的价值大小。

[②] 根据定义 4.2 可知，相对汇率指数刻画了该货币在特定外汇市场中的价值关于该市场所有货币价值均值的相对变化。

其中，$\overline{V}$ 表示货币 C_1，C_2，$\cdots$，C_n 在某金融市场中的平均价值，正实数 B 称为**货币汇率指数的基数**。

我们知道，常见的平均值包括算术平均值、几何平均值、平方平均值（均方根平均值）和调和平均值共四种平均值，及其各自的加权平均值。这四种平均值都可以由其加权平均值特殊化而得到，因此，我们主要考虑这四种平均值的加权平均值。对于任意一组实数 a_1，a_2，a_3，$\cdots$ 和权重 w_1，w_2，w_3，$\cdots$ 满足 $\sum_i w_i = 1$，则

算术加权平均值：$A = \sum_i w_i a_i$；

几何加权平均值：$G = \prod_i a_i^{w_i}$，要求 a_1，a_2，a_3，$\cdots$ 全部为非负数；

调和加权平均值：$H = \dfrac{1}{\sum_i w_i \dfrac{1}{a_i}}$，要求 a_1，a_2，a_3，$\cdots$ 全部非零；

平方加权平均值：$rms = \sqrt{\sum_i w_i a_i^2}$。

进而，根据平均值类型不同，由（4.3）我们可以得到四种类型的货币相对汇率指数如下：

一是算术加权倒数法汇率指数，指采用算术加权平均值估计货币相对汇率指数的分母而获得的货币相对汇率指数，即对于任意的 $k = 1, 2, \cdots, n$ 和事先选定的实数 $B > 0$，则货币 C_k 的算术加权倒数法汇率指数为

$$AI_k = \frac{B \cdot V_k}{\sum_{i=1}^{n} w_i V_i}$$

进而，

$$AI_k = \frac{B}{\sum_{i=1}^{n} w_i R_{ik}} \qquad (4.4)$$

其中，R_{ik} 表示货币 C_i 兑货币 C_k 的汇率理论值，$i=1$，2，$\cdots$，n。

二是几何加权倒数法汇率指数，指采用几何加权平均值估计货币相对汇率指数的分母而获得的货币相对汇率指数，即对于任意的 $k=1, 2, \cdots, n$ 和事先选定的实数 $B > 0$，则货币 C_k 的几何加权倒数法汇率指数为

$$GI_k = \frac{B \cdot V_k}{\prod\limits_{i=1}^{n} V_i^{w_i}}$$

进而，

$$GI_k = \frac{B}{\prod\limits_{i=1}^{n} R_{ik}^{w_i}} \tag{4.5}$$

其中，R_{ik} 表示货币 C_i 兑货币 C_k 的汇率理论值，$i=1, 2, \cdots, n$。

三是调和加权倒数法汇率指数，是指采用调和加权平均值估计货币相对汇率指数的分母而获得的货币相对汇率指数，即对于任意的 $k=1, 2, \cdots, n$ 和事先选定的实数 $B > 0$，则货币 C_k 的调和加权倒数法汇率指数为

$$HI_k = B \cdot V_k \cdot \sum_{i=1}^{n} \frac{w_i}{V_i}$$

进而，

$$HI_k = B \cdot \sum_{i=1}^{n} \frac{w_i}{R_{ik}} \tag{4.6}$$

其中，R_{ik} 表示货币 C_i 兑货币 C_k 的汇率理论值，$i=1$，2，$\cdots$，n。

四是平方加权倒数法汇率指数，是指采用平方加权平均值估计货币相对汇率指数的分母而获得的货币相对汇率指数，即

对于任意的 $k=1$，2，$\cdots$，n 和事先选定的实数 $B>0$，则货币 C_k 的平方加权倒数法汇率指数为

$$SI_k = \frac{B \cdot V_k}{\sqrt{\sum_{i=1}^{n} w_i V_i^2}}$$

进而，

$$SI_k = \frac{B}{\sqrt{\sum_{i=1}^{n} w_i R_{ik}^2}} \tag{4.7}$$

其中，R_{ik} 表示货币 C_i 兑货币 C_k 的汇率理论值，$i=1$，2，$\cdots$，n。

如果没有特别指明，我们以后所说的货币相对汇率指数特指算术加权倒数法汇率指数、几何加权倒数法汇率指数、调和加权倒数法汇率指数、平方加权倒数法汇率指数这四种货币相对汇率指数。

性质 4.1[1]：对于采用同一种方式计算的货币相对汇率指数，如果其权重 $w=(w_1$，w_2，$\cdots$，$w_n)$ 和基数 B 也相同，则任意两种货币汇率指数比值等于这两种货币汇率的理论值，即对于任意的 k，$\ell=1$，2，$\cdots$，n，有

$$\frac{RI_k}{RI_\ell} = R_{k\ell} \tag{4.8}$$

其中，$R_{k\ell} = \dfrac{V_k}{V_\ell}$ 是货币 C_k 兑货币 C_ℓ 汇率的理论值。

证明：对于采用算术加权平均倒数法计算的相对汇率指数，我们有

---

① 性质 4.1 表明，对于采用相同计算方式、具有相同权重和基数的任意两种货币相对汇率指数，其比值等于这两种货币汇率的理论值。

$$RI_k \triangleq AI_k = \frac{B \cdot V_k}{\sum_{i=1}^{n} w_i V_i} \quad 和 \quad RI_\ell \triangleq AI_\ell = \frac{B \cdot V_\ell}{\sum_{i=1}^{n} w_i V_i},$$

因此，

$$\frac{RI_k}{RI_\ell} = \frac{AI_k}{AI_\ell} = \frac{\dfrac{B \cdot V_k}{\sum_{i=1}^{n} w_i V_i}}{\dfrac{B \cdot V_\ell}{\sum_{i=1}^{n} w_i V_i}} = \frac{V_k}{V_\ell} = R_{k\ell}$$

类似的，可以证明对于采用几何加权平均倒数法、调和加权平均倒数法、平方加权平均倒数法计算的相对汇率指数都成立。

第二节　用新方法编制的货币汇率指数的计算

在第一节中，我们提出了货币相对汇率指数，并且性质 4.1 表明，对于任意两种货币汇率相对指数，只要它们采用相同的计算方式，具有相同权重和基数，则其比值等于这两种货币汇率的理论值。因此，相对货币汇率指数从理论上可以解决现有货币汇率指数的最大不足之处。

根据货币相对汇率指数计算公式(4.4)—(4.7)，货币相对汇率指数计算需要用到货币汇率的理论值 R_{ik}，$i, k = 1,$ $2, \cdots, n$。我们知道，汇率理论值是不可观察的，因此在实际中我们用货币汇率的真实值代替。

性质 4.2：记货币 $C_1, C_2, \cdots, C_n$ 从外汇市场中获得的汇率表为矩阵 $R = (r_{ij})_{n \times n}$，其中 r_{ij} 表示在国际外汇市场中货币 C_i 兑货币 C_j 的汇率真实值，则对于任意的 $k = 1, 2, \cdots, n$，货币 C_k 的相对汇率指数如下：

（1）算术加权倒数法汇率指数为：

$$AI_k = \frac{B}{\sum_{i=1}^{n} w_i r_{ik}} \tag{4.9}$$

（2）几何加权倒数法汇率指数为：

$$GI_k = \frac{B}{\prod_{i=1}^{n} r_{ik}^{w_i}} \tag{4.10}$$

（3）调和加权倒数法汇率指数为：

$$HI_k = B \cdot \sum_{i=1}^{n} \frac{w_i}{r_{ik}} \tag{4.11}$$

（4）平方加权倒数法汇率指数为：

$$SI_k = \frac{B}{\sqrt{\sum_{i=1}^{n} w_i r_{ik}^2}} \tag{4.12}$$

其中，实数 $B > 0$ 为基数；$w = (w_1, w_2, \cdots, w_n)$ 是权重，满足 $\sum_{i=1}^{n} w_i = 1$。

特别地，在实践中我们有时会选取权重 $w = (w_1, w_2, \cdots, w_n)$ 为一种货币占货币篮子中所有货币总价值的百分比，即

$$w_i = \frac{m_i V_i}{\sum_{j=1}^{n} m_j V_j} \tag{4.13}$$

其中，m_k 为相应国家 M_0，M_1，M_2 或者国际贸易总额等，$k = 1, 2, \cdots, n$。

由于外汇市场是 24 小时不间断的市场，并且外汇市场没有固定的交易场所，全球的外汇市场连成一体，因此无法精确地统计每次的成交数量和成交方向，外汇交易行情中是没有成交量记录的，从而（4.13）中 m_k 不能取货币 C_k 在外汇市场中的成

交量，$k=1，2，\cdots，n$。

根据性质 4.2 和(4.13)得，货币 C_k 的算术加权倒数法汇率指数为：

$$AI_k = \frac{B}{\sum\limits_{i=1}^{n}\left(\dfrac{m_i r_{ik}}{\sum\limits_{j=1}^{n} m_j r_{ji}}\right)}$$

其中，实数 $B > 0$ 为基数；r_{ik} 表示在国际外汇市场中货币 C_i 兑货币 C_k 的汇率真实值，$i=1，2，\cdots，n$；m_k 为货币 C_k 发行国家（或地区）的 M_0，M_1，M_2 或者国际贸易总额等，$k=1，2，\cdots，n$。

类似的，我们可以获得几何加权倒数法汇率指数、调和加权倒数法汇率指数和平方加权倒数法汇率指数，详见性质 4.3。

性质 4.3： 设货币 C_1，C_2，$\cdots$，C_n 的汇率矩阵为 $R = (r_{ij})_{n \times n}$，如果选取权重 $w = (w_1，w_2，\cdots，w_n)$ 为一种货币占全球所有货币总价值的百分比，则对于任意的 $k=1，2，\cdots，n$，货币 C_k 的相对汇率指数如下：

（1）算术加权倒数法汇率指数为：

$$AI_k = \frac{B}{\sum\limits_{i=1}^{n}\left(\dfrac{m_i r_{ik}}{\sum\limits_{j=1}^{n} m_j r_{ji}}\right)} \tag{4.14}$$

（2）几何加权倒数法汇率指数为：

$$GI_k = B \prod_{i=1}^{n} r_{ik}^{\frac{\sum\limits_{j=1}^{n} m_j r_{ji}}{m_i}} \tag{4.15}$$

（3）调和加权倒数法汇率指数为：

$$HI_k = B \sum_{i=1}^{n}\left(\frac{m_i}{r_{ik} \sum\limits_{j=1}^{n} m_j r_{ji}}\right) \tag{4.16}$$

（4）平方加权倒数法汇率指数为：

$$SI_k = \frac{B}{\sqrt{\sum\limits_{i=1}^{n}\left(\dfrac{m_i r_{ik}^2}{\sum\limits_{j=1}^{n} m_j r_{ji}}\right)}} \qquad (4.17)$$

其中，实数 $B>0$ 为基数；r_{ik} 表示在国际外汇市场中货币 C_i 兑货币 C_k 的汇率真实值，$i=1, 2, \cdots, n$；m_k 为货币 C_k 发行国家（或地区）的 M_0，M_1，M_2 或者国际贸易总额等，$k=1, 2, \cdots, n$。

第三节　用新方法编制的货币汇率指数的维护

对于任何一种指数，在其运行中都需要维护。对于利用性质 4.3 编制的货币汇率指数，当货币篮子中货币的权重发生了变化、从货币篮子中剔除某种货币或者把某种货币加入到货币篮子中时，都需要进行货币汇率指数维护。事实上，在许多情形下都需要进行货币汇率指数维护。下面我们逐个介绍货币汇率指数维护方法。

一、货币篮子中货币的权重发生变化

记在第 t 天从外汇市场上获得的汇率表为矩阵 $R=(r_{ij})_{n\times n}$，其中，r_{ij} 表示货币 C_i 兑货币 C_j 的汇率，$i, j=1, 2, \cdots, n$。假设计算货币汇率指数的权重的指标发生了变化，则货币汇率指数的权重也会发生变化。不妨记货币汇率指数

的权重由 $w = (w_1, w_2, \cdots, w_n)$ 满足 $\sum\limits_{k=1}^{n} w_k = 1$ 变化为 $\widetilde{w} = (\widetilde{w}_1, \widetilde{w}_2, \cdots, \widetilde{w}_n)$ 满足 $\sum\limits_{k=1}^{n} \widetilde{w}_k = 1$，那么在第 $t+1$ 天开盘前需要调整货币汇率指数的基数，新基数使得货币汇率指数具有平滑性，即使得权重调整时刻的前后汇率指数值相等。根据四种不同的货币汇率指数计算方法，具体调整方法分述如下：

（1）对于算术加权倒数法汇率指数，根据（4.9），则新基数 B_1 应该满足

$$\frac{B_1}{\sum\limits_{i=1}^{n} \widetilde{w}_i r_{ik}} = \frac{B}{\sum\limits_{i=1}^{n} w_i r_{ik}}, \quad k = 1, 2, \cdots, n$$

进而，可以取

$$B_1 = \frac{1}{n} \sum_{k=1}^{n} \left(\frac{\sum\limits_{i=1}^{n} \widetilde{w}_i r_{ik}}{\sum\limits_{i=1}^{n} w_i r_{ik}} \right) \cdot B$$

（2）对于几何加权倒数法汇率指数，根据（4.10），则新基数 B_1 应该满足

$$\frac{B_1}{\prod\limits_{i=1}^{n} r_{ik}^{\widetilde{w}_i}} = \frac{B}{\prod\limits_{i=1}^{n} r_{ik}^{w_i}}, \quad k = 1, 2, \cdots, n$$

进而，可以取

$$B_1 = \sqrt[n]{\prod_{k=1}^{n} \left(\prod_{i=1}^{n} r_{ik}^{\widetilde{w}_i - w_i} \right)} \cdot B$$

（3）对于调和加权倒数法汇率指数，根据（4.11），则新基数 B_1 应该满足

$$B_1 \cdot \sum_{i=1}^{n} \frac{\widetilde{w}_i}{r_{ik}} = B \cdot \sum_{i=1}^{n} \frac{w_i}{r_{ik}}, \quad k = 1, 2, \cdots, n$$

进而，可以取

$$B_1 = \frac{1}{n} \sum_{k=1}^{n} \left(\frac{\sum\limits_{i=1}^{n} \dfrac{\widetilde{w}_i}{r_{ik}}}{\sum\limits_{i=1}^{n} \dfrac{w_i}{r_{ik}}} \right) \cdot B$$

（4）对于平方加权倒数法汇率指数,根据(4.12),则新基数 B_1 应该满足

$$\frac{B_1}{\sqrt{\sum\limits_{i=1}^{n} \widetilde{w}_i r_{ik}^2}} = \frac{B}{\sqrt{\sum\limits_{i=1}^{n} w_i r_{ik}^2}}, \quad k = 1, 2, \cdots, n$$

进而,可以取

$$B_1 = \frac{1}{n} \sum_{k=1}^{n} \sqrt{\frac{\sum\limits_{i=1}^{n} \widetilde{w}_i r_{ik}^2}{\sum\limits_{i=1}^{n} w_i r_{ik}^2}} \cdot B$$

结论 4.1: 假设货币汇率指数的权重由 $w = (w_1, w_2, \cdots, w_n)$ 满足 $\sum\limits_{k=1}^{n} w_k = 1$ 调整为 $\widetilde{w} = (\widetilde{w}_1, \widetilde{w}_2, \cdots, \widetilde{w}_n)$ 满足 $\sum\limits_{k=1}^{n} \widetilde{w}_k = 1$。在第 t 天从外汇市场上获得的汇率表记为矩阵 $R = (r_{ij})_{n \times n}$,其中 r_{ij} 表示货币 C_i 兑货币 C_j 的汇率, $i, j = 1, 2, \cdots, n$,那么在第 $t+1$ 天开盘前需要调整货币汇率指数的新基数如下:

（1）对于算术加权倒数法汇率指数,新基数

$$B_1 = \frac{1}{n} \sum_{k=1}^{n} \left(\frac{\sum\limits_{i=1}^{n} \widetilde{w}_i r_{ik}}{\sum\limits_{i=1}^{n} w_i r_{ik}} \right) \cdot B \tag{4.18}$$

（2）对于几何加权倒数法汇率指数,新基数

$$B_1 = \sqrt[n]{\prod_{k=1}^{n} \left(\prod_{i=1}^{n} r_{ik}^{\widetilde{w}_i - w_i} \right)} \cdot B \tag{4.19}$$

（3）对于调和加权倒数法汇率指数，新基数

$$B_1 = \frac{1}{n} \sum_{k=1}^{n} \left(\frac{\sum_{i=1}^{n} \frac{\widetilde{w}_i}{r_{ik}}}{\sum_{i=1}^{n} \frac{w_i}{r_{ik}}} \right) \cdot B \qquad (4.20)$$

（4）对于平方加权倒数法汇率指数，新基数

$$B_1 = \frac{1}{n} \sum_{k=1}^{n} \sqrt{\frac{\sum_{i=1}^{n} \widetilde{w}_i r_{ik}^2}{\sum_{i=1}^{n} w_i r_{ik}^2}} \cdot B \qquad (4.21)$$

其中，B 是原基数。

特别地，如果我们选取权重为一种货币占货币篮子中所有货币总价值的百分比，见（4.13），则权重 $w = (w_1, w_2, \cdots, w_n)$，其中

$$w_k = \frac{m_k}{\sum_{i=1}^{n} m_i r_{ik}} \qquad (4.22)$$

这里 m_k 为相应国家 M_0, M_1, M_2 或者国际贸易总额等，$k = 1, 2, \cdots, n$。假设 m_k 变成了 $\widetilde{m}_k$，$k = 1, 2, \cdots, n$，则权重被调整为 $\widetilde{w} = (\widetilde{w}_1, \widetilde{w}_2, \cdots, \widetilde{w}_n)$，其中

$$\widetilde{w}_k = \frac{\widetilde{m}_k}{\sum_{i=1}^{n} \widetilde{m}_i r_{ik}}, \quad k = 1, 2, \cdots, n$$

其中，r_{ij} 表示货币 C_i 兑货币 C_j 的汇率，$i, j = 1, 2, \cdots, n$。

由于用来计算货币汇率指数权重的 m_k 变成了 $\widetilde{m}_k$，$k = 1, 2, \cdots, n$，导致货币汇率指数的权重由 $w = (w_1, w_2, \cdots, w_n)$ 调整为 $\widetilde{w} = (\widetilde{w}_1, \widetilde{w}_2, \cdots, \widetilde{w}_n)$，为了保持权重调整不影响货币汇率指数的平滑性，需要对货币汇率指数的基数也进行相应的调整，与获得结论 4.1 类似，基数的具体调整方法如下：

结论 4.2：假设 m_k 变成了 $\tilde{m}_k$，$k=1,2,\cdots,n$，则货币汇率指数的权重由 $w=(w_1,w_2,\cdots,w_n)$ 调整为 $\tilde{w}=(\tilde{w}_1,\tilde{w}_2,\cdots,\tilde{w}_n)$，其中 $\tilde{w}_k=\dfrac{\tilde{m}_k}{\sum\limits_{i=1}^{n}\tilde{m}_i r_{ik}}$，$k=1,2,\cdots,n$。在第 t 天从外汇市场上获得的汇率表记为矩阵 $R=(r_{ij})_{n\times n}$，其中，r_{ij} 表示货币 C_i 兑货币 C_j 的汇率，$i,j=1,2,\cdots,n$，那么在第 $t+1$ 天开盘前需要调整货币汇率指数的新基数如下：

（1）对于算术加权倒数法汇率指数，新基数

$$B_1=\frac{1}{n}\sum_{k=1}^{n}\left(\frac{\sum\limits_{i=1}^{n}\dfrac{\tilde{m}_i r_{ik}}{\sum\limits_{j=1}^{n}\tilde{m}_j r_{ji}}}{\sum\limits_{i=1}^{n}\dfrac{m_i r_{ik}}{\sum\limits_{j=1}^{n}m_j r_{ji}}}\right)\cdot B \tag{4.23}$$

（2）对于几何加权倒数法汇率指数，新基数

$$B_1=\sqrt[n]{\prod_{k=1}^{n}\left(\prod_{i=1}^{n}r_{ik}^{\frac{\tilde{m}_i}{\sum\limits_{j=1}^{n}\tilde{m}_j r_{ji}}-\frac{m_i}{\sum\limits_{j=1}^{n}m_j r_{ji}}}\right)\cdot B} \tag{4.24}$$

（3）对于调和加权倒数法汇率指数，新基数

$$B_1=\frac{1}{n}\sum_{k=1}^{n}\left(\frac{\sum\limits_{i=1}^{n}\dfrac{\tilde{m}_i}{r_{ik}\sum\limits_{j=1}^{n}\tilde{m}_j r_{ji}}}{\sum\limits_{i=1}^{n}\dfrac{m_i}{r_{ik}\sum\limits_{j=1}^{n}m_j r_{ji}}}\right)\cdot B \tag{4.25}$$

（4）对于平方加权倒数法汇率指数，新基数

$$B_1=\frac{1}{n}\sum_{k=1}^{n}\sqrt{\frac{\sum\limits_{i=1}^{n}\dfrac{\tilde{m}_i r_{ik}^2}{\sum\limits_{j=1}^{n}\tilde{m}_j r_{ji}}}{\sum\limits_{i=1}^{n}\dfrac{m_i r_{ik}^2}{\sum\limits_{j=1}^{n}m_j r_{ji}}}}\cdot B \tag{4.26}$$

其中，B 是原基数。

二、向货币篮子中加入某种货币

假设向货币篮子中加入货币 C_{n+1}，则货币篮子由 n 种货币调整为 $n+1$ 种货币。记在第 t 天从外汇市场上获得的汇率表为矩阵 $R=(r_{ij})_{(n+1)\times(n+1)}$，其中 r_{ij} 表示货币 C_i 兑货币 C_j 的汇率，$i,j=1,2,\cdots,n,n+1$。由于加入货币 C_{n+1}，汇率指数的权重相应地由 $w=(w_1,w_2,\cdots,w_n)$ 满足 $\sum_{k=1}^{n}w_k=1$ 调整为 $\tilde{w}=(\tilde{w}_1,\tilde{w}_2,\cdots,\tilde{w}_n,\tilde{w}_{n+1})$ 满足 $\sum_{k=1}^{n+1}\tilde{w}_k=1$，那么在第 $t+1$ 天开盘前需要调整货币汇率指数的基数，新基数使得货币汇率指数具有平滑性，即使得权重调整时刻的前后汇率指数值相等。根据四种不同的货币汇率指数计算方法，具体调整方法分述如下：

（1）对于算术加权倒数法汇率指数，根据（4.9），则新基数 B_1 应该满足

$$\frac{B_1}{\sum_{i=1}^{n+1}\tilde{w}_i r_{ik}}=\frac{B}{\sum_{i=1}^{n}w_i r_{ik}}, \quad k=1,2,\cdots,n$$

进而，可以取

$$B_1=\frac{1}{n}\sum_{k=1}^{n}\left(\frac{\sum_{i=1}^{n+1}\tilde{w}_i r_{ik}}{\sum_{i=1}^{n}w_i r_{ik}}\right)\cdot B$$

（2）对于几何加权倒数法汇率指数，根据（4.10），则新基数 B_1 应该满足

$$\frac{B_1}{\prod_{i=1}^{n+1}r_{ik}^{\tilde{w}_i}}=\frac{B}{\prod_{i=1}^{n}r_{ik}^{w_i}}, \quad k=1,2,\cdots,n$$

进而，可以取

$$B_1 = \sqrt[n]{\prod_{k=1}^{n}\left(\frac{\prod\limits_{i=1}^{n+1} r_{ik}^{\tilde{w}_i}}{\prod\limits_{i=1}^{n} r_{ik}^{w_i}}\right)} \cdot B$$

（3）对于调和加权倒数法汇率指数，根据（4.11），则新基数 B_1 应该满足

$$B_1 \cdot \sum_{i=1}^{n+1} \frac{\tilde{w}_i}{r_{ik}} = B \cdot \sum_{i=1}^{n} \frac{w_i}{r_{ik}}, \quad k = 1, 2, \cdots, n$$

进而，可以取

$$B_1 = \frac{1}{n} \sum_{k=1}^{n}\left(\frac{\sum\limits_{i=1}^{n+1} \dfrac{\tilde{w}_i}{r_{ik}}}{\sum\limits_{i=1}^{n} \dfrac{w_i}{r_{ik}}}\right) \cdot B$$

（4）对于平方加权倒数法汇率指数，根据（4.12），则新基数 B_1 应该满足

$$\frac{B_1}{\sqrt{\sum\limits_{i=1}^{n+1} \tilde{w}_i r_{ik}^2}} = \frac{B}{\sqrt{\sum\limits_{i=1}^{n} w_i r_{ik}^2}}, \quad k = 1, 2, \cdots, n$$

进而，可以取

$$B_1 = \frac{1}{n} \sum_{k=1}^{n} \sqrt{\frac{\sum\limits_{i=1}^{n+1} \tilde{w}_i r_{ik}^2}{\sum\limits_{i=1}^{n} w_i r_{ik}^2}} \cdot B$$

结论 4.3：假设向货币篮子 C_1，C_2，$\cdots$，C_n 中加入货币 C_{n+1}，汇率指数的权重由 $w = (w_1, w_2, \cdots, w_n)$ 满足 $\sum\limits_{k=1}^{n} w_k = 1$ 调整为 $\tilde{w} = (\tilde{w}_1, \tilde{w}_2, \cdots, \tilde{w}_n, \tilde{w}_{n+1})$ 满足 $\sum\limits_{k=1}^{n+1} \tilde{w}_k = 1$。在第 t 天从外汇市场上获得的汇率表记为矩阵

$R = (r_{ij})_{(n+1) \times (n+1)}$，其中 r_{ij} 表示货币 C_i 兑货币 C_j 的汇率，$i, j = 1, 2, \cdots, n, n+1$，那么在第 $t+1$ 天开盘前需要调整货币汇率指数的新基数如下：

（1）对于算术加权倒数法汇率指数，新基数

$$B_1 = \frac{1}{n} \sum_{k=1}^{n} \left(\frac{\sum\limits_{i=1}^{n+1} \widetilde{w}_i r_{ik}}{\sum\limits_{i=1}^{n} w_i r_{ik}} \right) \cdot B \tag{4.27}$$

（2）对于几何加权倒数法汇率指数，新基数

$$B_1 = \sqrt[n]{\prod_{k=1}^{n} \left(\frac{\prod\limits_{i=1}^{n+1} r_{ik}^{\widetilde{w}_i}}{\prod\limits_{i=1}^{n} r_{ik}^{w_i}} \right)} \cdot B \tag{4.28}$$

（3）对于调和加权倒数法汇率指数，新基数

$$B_1 = \frac{1}{n} \sum_{k=1}^{n} \left(\frac{\sum\limits_{i=1}^{n+1} \dfrac{\widetilde{w}_i}{r_{ik}}}{\sum\limits_{i=1}^{n} \dfrac{w_i}{r_{ik}}} \right) \cdot B \tag{4.29}$$

（4）对于平方加权倒数法汇率指数，新基数

$$B_1 = \frac{1}{n} \sum_{k=1}^{n} \sqrt{\frac{\sum\limits_{i=1}^{n+1} \widetilde{w}_i r_{ik}^2}{\sum\limits_{i=1}^{n} w_i r_{ik}^2}} \cdot B \tag{4.30}$$

其中，B 是原基数。

特别地，如果我们选取权重为一种货币占货币篮子中所有货币总价值的百分比，见(4.13)，则权重 $w = (w_1, w_2, \cdots, w_n)$，其中

$$w_k = \frac{m_k}{\sum\limits_{i=1}^{n} m_i r_{ik}}$$

这里 m_k 为相应国家 M_0, M_1, M_2 或者国际贸易总额等, $k=1$, 2, $\cdots$, n。假设向货币篮子 C_1, C_2, $\cdots$, C_n 中加入货币 C_{n+1}, 则权重被调整为 $\tilde{w}=(\tilde{w}_1, \tilde{w}_2, \cdots, \tilde{w}_n, \tilde{w}_{n+1})$, 其中

$$\tilde{w}_k = \frac{m_k}{\sum\limits_{i=1}^{n+1} m_i r_{ik}}, \quad k=1, 2, \cdots, n, n+1$$

其中, r_{ij} 表示货币 C_i 兑货币 C_j 的汇率, i, $j=1, 2, \cdots, n, n+1$。

由于货币 C_{n+1} 加入货币篮子 C_1, C_2, $\cdots$, C_n, 货币汇率指数的权重由 $w=(w_1, w_2, \cdots, w_n)$ 调整为 $\tilde{w}=(\tilde{w}_1, \tilde{w}_2, \cdots, \tilde{w}_n, \tilde{w}_{n+1})$, 为了保持权重调整不影响货币汇率指数的平滑性, 需要对货币汇率指数的基数也进行相应的调整, 与获得结论4.1 类似, 基数的具体调整方法如下：

结论 4.4：假设向货币篮子 C_1, C_2, $\cdots$, C_n 中加入货币 C_{n+1}, 则货币汇率指数的权重由 $w=(w_1, w_2, \cdots, w_n)$ 调整为 $\tilde{w}=(\tilde{w}_1, \tilde{w}_2, \cdots, \tilde{w}_n, \tilde{w}_{n+1})$, 其中 $\tilde{w}_k = \dfrac{m_k}{\sum\limits_{i=1}^{n+1} m_i r_{ik}}$, $k=1$, 2, $\cdots$, $n, n+1$。在第 t 天从外汇市场上获得的汇率表记为矩阵 $R=(r_{ij})_{(n+1)\times(n+1)}$, 其中 r_{ij} 表示货币 C_i 兑货币 C_j 的汇率, i, $j=1, 2, \cdots, n, n+1$, 那么在第 $t+1$ 天开盘前需要调整货币汇率指数的新基数如下：

（1）对于算术加权倒数法汇率指数, 新基数

$$B_1 = \frac{1}{n} \sum_{k=1}^{n} \left(\frac{\sum\limits_{i=1}^{n+1} \dfrac{m_i r_{ik}}{\sum\limits_{j=1}^{n+1} m_j r_{ji}}}{\sum\limits_{i=1}^{n} \dfrac{m_i r_{ik}}{\sum\limits_{j=1}^{n} m_j r_{ji}}} \right) \cdot B \tag{4.31}$$

（2）对于几何加权倒数法汇率指数，新基数

$$B_1 = \sqrt[n]{\prod_{k=1}^n \left(\frac{\prod_{i=1}^{n+1} r_{ik}^{\frac{m_i}{\sum_{j=1}^{n+1} m_j r_{ji}}}}{\prod_{i=1}^n r_{ik}^{\frac{m_i}{\sum_{j=1}^n m_j r_{ji}}}} \right)} \cdot B \qquad (4.32)$$

（3）对于调和加权倒数法汇率指数，新基数

$$B_1 = \frac{1}{n} \sum_{k=1}^n \left(\frac{\sum_{i=1}^{n+1} \dfrac{m_i}{r_{ik} \sum_{j=1}^{n+1} m_j r_{ji}}}{\sum_{i=1}^n \dfrac{m_i}{r_{ik} \sum_{j=1}^n m_j r_{ji}}} \right) \cdot B \qquad (4.33)$$

（4）对于平方加权倒数法汇率指数，新基数

$$B_1 = \frac{1}{n} \sum_{k=1}^n \sqrt{\frac{\sum_{i=1}^{n+1} \dfrac{m_i r_{ik}^2}{\sum_{j=1}^{n+1} m_j r_{ji}}}{\sum_{i=1}^n \dfrac{m_i r_{ik}^2}{\sum_{j=1}^n m_j r_{ji}}}} \cdot B \qquad (4.34)$$

其中，B 是原基数。

三、从货币篮子中剔除某种货币

假设从货币篮子中剔除货币 C_n，则货币篮子由 n 种货币调整为 $n-1$ 种货币。记在第 t 天从外汇市场上获得的汇率表记为矩阵 $R = (r_{ij})_{n \times n}$，其中 r_{ij} 表示货币 C_i 兑货币 C_j 的汇率，$i，j = 1，2，\cdots，n$。由于剔除货币 C_n，汇率指数的权重相应地由 $w = (w_1，w_2，\cdots，w_n)$ 满足 $\sum_{k=1}^n w_k = 1$ 调整为 $\tilde{w} = (\tilde{w}_1，\tilde{w}_2，\cdots，\tilde{w}_{n-1})$ 满足 $\sum_{k=1}^{n-1} \tilde{w}_k = 1$，那么在第 $t+1$ 天开盘前需要调

整货币汇率指数的基数,新基数使得货币汇率指数具有平滑性,即使得权重调整时刻的前后汇率指数值相等。根据四种不同的货币汇率指数计算方法,具体调整方法分述如下:

(1) 对于算术加权倒数法汇率指数,根据(4.9),则新基数 B_1 应该满足

$$\frac{B_1}{\sum_{i=1}^{n-1} \tilde{w}_i r_{ik}} = \frac{B}{\sum_{i=1}^{n} w_i r_{ik}}, \quad k = 1, 2, \cdots, n-1$$

进而,可以取

$$B_1 = \frac{1}{n-1} \sum_{k=1}^{n-1} \left(\frac{\sum_{i=1}^{n-1} \tilde{w}_i r_{ik}}{\sum_{i=1}^{n} w_i r_{ik}} \right) \cdot B$$

(2) 对于几何加权倒数法汇率指数,根据(4.10),则新基数 B_1 应该满足

$$\frac{B_1}{\prod_{i=1}^{n-1} r_{ik}^{\tilde{w}_i}} = \frac{B}{\prod_{i=1}^{n} r_{ik}^{w_i}}, \quad k = 1, 2, \cdots, n-1$$

进而,可以取

$$B_1 = \sqrt[n-1]{\prod_{k=1}^{n-1} \left(\frac{\prod_{i=1}^{n-1} r_{ik}^{\tilde{w}_i}}{\prod_{i=1}^{n} r_{ik}^{w_i}} \right)} \cdot B$$

(3) 对于调和加权倒数法汇率指数,根据(4.11),则新基数 B_1 应该满足

$$B_1 \cdot \sum_{i=1}^{n-1} \frac{\tilde{w}_i}{r_{ik}} = B \cdot \sum_{i=1}^{n} \frac{w_i}{r_{ik}}, \quad k = 1, 2, \cdots, n-1$$

进而,可以取

$$B_1 = \frac{1}{n-1} \sum_{k=1}^{n-1} \left(\frac{\sum\limits_{i=1}^{n-1} \dfrac{\widetilde{w}_i}{r_{ik}}}{\sum\limits_{i=1}^{n} \dfrac{w_i}{r_{ik}}} \right) \cdot B$$

（4）对于平方加权倒数法汇率指数，根据(4.12)，则新基数 B_1 应该满足

$$\frac{B_1}{\sqrt{\sum\limits_{i=1}^{n-1} \widetilde{w}_i r_{ik}^2}} = \frac{B}{\sqrt{\sum\limits_{i=1}^{n} w_i r_{ik}^2}}, \quad k=1, 2, \cdots, n-1$$

进而，可以取

$$B_1 = \frac{1}{n-1} \sum_{k=1}^{n-1} \sqrt{\frac{\sum\limits_{i=1}^{n-1} \widetilde{w}_i r_{ik}^2}{\sum\limits_{i=1}^{n} w_i r_{ik}^2}} \cdot B$$

结论 4.5：假设从货币篮子 C_1, C_2, $\cdots$, C_n 中剔除货币 C_n，汇率指数的权重由 $w=(w_1, w_2, \cdots, w_n)$ 满足 $\sum\limits_{k=1}^{n} w_k = 1$ 调整为 $\widetilde{w}=(\widetilde{w}_1, \widetilde{w}_2, \cdots, \widetilde{w}_{n-1})$ 满足 $\sum\limits_{k=1}^{n-1} \widetilde{w}_k = 1$。在第 t 天从外汇市场上获得的汇率表记为矩阵 $R=(r_{ij})_{n\times n}$，其中 r_{ij} 表示货币 C_i 兑货币 C_j 的汇率，$i, j=1, 2, \cdots, n$，那么在第 $t+1$ 天开盘前需要调整货币汇率指数的新基数如下：

（1）对于算术加权倒数法汇率指数，新基数

$$B_1 = \frac{1}{n-1} \sum_{k=1}^{n-1} \left(\frac{\sum\limits_{i=1}^{n-1} \widetilde{w}_i r_{ik}}{\sum\limits_{i=1}^{n} w_i r_{ik}} \right) \cdot B \qquad (4.35)$$

（2）对于几何加权倒数法汇率指数，新基数

$$B_1 = \sqrt[n-1]{\prod_{k=1}^{n-1} \left(\frac{\prod\limits_{i=1}^{n-1} r_{ik}^{\widetilde{w}_i}}{\prod\limits_{i=1}^{n} r_{ik}^{w_i}} \right)} \cdot B \qquad (4.36)$$

（3）对于调和加权倒数法汇率指数，新基数

$$B_1 = \frac{1}{n-1} \sum_{k=1}^{n-1} \left(\frac{\displaystyle\sum_{i=1}^{n-1} \frac{\tilde{w}_i}{r_{ik}}}{\displaystyle\sum_{i=1}^{n} \frac{w_i}{r_{ik}}} \right) \cdot B \qquad (4.37)$$

（4）对于平方加权倒数法汇率指数，新基数

$$B_1 = \frac{1}{n-1} \sum_{k=1}^{n-1} \sqrt{\frac{\displaystyle\sum_{i=1}^{n-1} \tilde{w}_i r_{ik}^2}{\displaystyle\sum_{i=1}^{n} w_i r_{ik}^2}} \cdot B \qquad (4.38)$$

其中，B 是原基数。

特别地，如果我们选取权重为一种货币占货币篮子中所有货币总价值的百分比，见（4.13），则权重 $w = (w_1, w_2, \cdots, w_n)$，其中

$$w_k = \frac{m_k}{\displaystyle\sum_{i=1}^{n} m_i r_{ik}}$$

这里 m_k 为相应国家 M_0，M_1，M_2 或者国际贸易总额等，$k = 1$，$2，\cdots，n$。假设从货币篮子 $C_1，C_2，\cdots，C_n$ 中剔除货币 C_n，则权重被调整为 $\tilde{w} = (\tilde{w}_1, \tilde{w}_2, \cdots, \tilde{w}_{n-1})$，其中

$$\tilde{w}_k = \frac{m_k}{\displaystyle\sum_{i=1}^{n-1} m_i r_{ik}}, \quad k = 1, 2, \cdots, n-1$$

其中，r_{ij} 表示货币 C_i 兑货币 C_j 的汇率，$i，j = 1，2，\cdots，n-1$。

由于货币 C_n 从货币篮子 $C_1，C_2，\cdots，C_n$ 中剔除，货币汇率指数的权重由 $w = (w_1, w_2, \cdots, w_n)$ 调整为 $\tilde{w} = (\tilde{w}_1, \tilde{w}_2, \cdots, \tilde{w}_{n-1})$，为了保持权重调整不影响货币汇率指数的平滑性，需要对货币汇率指数的基数也进行相应的调整，与获得结论 4.3 类似，基数的具体调整方法如下：

结论 4.6： 假设从货币篮子 $C_1，C_2，\cdots，C_n$ 中剔除货币 C_n，

则货币汇率指数的权重由 $w = (w_1, w_2, \cdots, w_n)$ 调整为 $\tilde{w} = (\tilde{w}_1, \tilde{w}_2, \cdots, \tilde{w}_{n-1})$，其中，$\tilde{w}_k = \dfrac{m_k}{\sum\limits_{i=1}^{n-1} m_i r_{ik}}$，$k = 1, 2, \cdots, n-1$。

在第 t 天从外汇市场上获得的汇率表记为矩阵 $R = (r_{ij})_{n \times n}$，其中 r_{ij} 表示货币 C_i 兑货币 C_j 的汇率，$i, j = 1, 2, \cdots, n$，那么在第 $t+1$ 天开盘前需要调整货币汇率指数的新基数如下：

（1）对于算术加权倒数法汇率指数，新基数

$$B_1 = \frac{1}{n-1} \sum_{k=1}^{n-1} \left(\frac{\sum\limits_{i=1}^{n-1} \dfrac{m_i r_{ik}}{\sum\limits_{j=1}^{n-1} m_j r_{ji}}}{\sum\limits_{i=1}^{n} \dfrac{m_i r_{ik}}{\sum\limits_{j=1}^{n} m_j r_{ji}}} \right) \cdot B \qquad (4.39)$$

（2）对于几何加权倒数法汇率指数，新基数

$$B_1 = \sqrt[n-1]{\prod_{k=1}^{n-1} \left(\frac{\prod\limits_{i=1}^{n-1} r_{ik}^{\frac{m_i}{\sum\limits_{j=1}^{n-1} m_j r_{ji}}}}{\prod\limits_{i=1}^{n} r_{ik}^{\frac{m_i}{\sum\limits_{j=1}^{n} m_j r_{ji}}}} \right) \cdot B} \qquad (4.40)$$

（3）对于调和加权倒数法汇率指数，新基数

$$B_1 = \frac{1}{n-1} \sum_{k=1}^{n-1} \left(\frac{\sum\limits_{i=1}^{n-1} \dfrac{m_i}{r_{ik} \sum\limits_{j=1}^{n-1} m_j r_{ji}}}{\sum\limits_{i=1}^{n} \dfrac{m_i}{r_{ik} \sum\limits_{j=1}^{n} m_j r_{ji}}} \right) \cdot B \qquad (4.41)$$

（4）对于平方加权倒数法汇率指数，新基数

$$B_1 = \frac{1}{n-1} \sum_{k=1}^{n-1} \sqrt{\frac{\sum\limits_{i=1}^{n-1} \dfrac{m_i r_{ik}^2}{\sum\limits_{j=1}^{n-1} m_j r_{ji}}}{\sum\limits_{i=1}^{n} \dfrac{m_i r_{ik}^2}{\sum\limits_{j=1}^{n} m_j r_{ji}}} \cdot B} \qquad (4.42)$$

其中 B 是原基数。

四、货币篮子中某种货币暂停交易

假设货币篮子中某种货币 C_k 暂时停止交易,也就是说,外汇市场正常处于交易状态,但是货币 C_k 暂时停止交易(交易日之内)。在这种情形下,我们利用货币 C_k 停止交易的最后汇率带入计算,直至外汇市场交易结束。

五、货币篮子中某种货币某天停止交易

假设货币篮子中某种货币 C_k 在某一天停止交易,也就是说,在这一天外汇市场正常处于交易状态,但是货币 C_k 停止交易。在这种情形下,我们利用货币 C_k 停止交易的前一个交易日的汇率带入计算,直至外汇市场交易结束。

六、货币篮子中某种货币停止交易超过一天

假设货币篮子中某种货币 C_k 停止交易超过一天,在这种情形下,我们需要暂时把货币 C_k 从货币篮子中暂时剔除,等到货币 C_k 恢复交易后的第二天再加入货币篮子参与汇率指数计算。

七、货币篮子中某种货币长期停止交易

假设货币篮子中某种货币 C_k 长期停止交易,在这种情形下,我们需要把货币 C_k 从货币篮子中剔除。此时基数的调整方法与上节相同,不再赘述。

第四节　用新方法编制货币汇率指数示例

在本节中,我们以美元(USD)、欧元(EUR)、人民币(CNY)、日元(JPY)和英镑(GBP)为例,利用新方法编制一套货币汇率指数,基期为 2018 年 4 月 2 日。

一、数据来源

汇率数据来源于英为财情网站[1],数据区间为 2018 年 4 月 2 日至 2020 年 6 月 23 日[2]。另外,从世界贸易组织数据库中下载了美国、欧元区[3]、中国、日本和英国的国际贸易年度统计数据,见表 4-1。

表 4-1　　　　　美国、欧元区、中国、日本和英国国际贸易数据(百万美元)

国家（地区）	贸易伙伴	货币	2017 年	2018 年	2019 年
美国	全球	USD	3954749	4278370	2813355
欧盟	欧盟外的经济体	EUR	4217594	4645602	3032750
中国	全球	CNY	4107138	4622442	2954790

---

① 英为财情[DB/OL].https://cn.investing.com/.
② 实际上,下载到的数据是 2018 年 3 月 29 日至 2020 年 6 月 23 日的数据,为了后面画图的横坐标显示更美观,舍去了 2018 年 3 月 29 日和 2018 年 3 月 30 日数据。
③ 由于没有欧元区数据,我们使用欧盟相应数据进行代替。

续 表

国家（地区）	贸易伙伴	货币	2017 年	2018 年	2019 年
日本	全球	JPY	1369799	1486630	944184
英国	全球	GBP	1084623	1160257	760640

二、权重的确定

根据表4-1数据和从英为财情网站①下载的汇率表,利用 (4.22)式,可以计算得到美元汇率指数、欧元汇率指数、人民币 汇率指数、日元汇率指数和英镑汇率指数的权重。比如,已知 2018 年 4 月 2 日的汇率表

$$R = \begin{bmatrix} 1 & 0.8128 & 6.2805 & 105.89 & 0.7119 \\ 1.2302 & 1 & 7.7263 & 130.27 & 0.8759 \\ 0.1593 & 0.1295 & 1 & 16.861 & 0.1134 \\ 0.0094435 & 0.0076765 & 0.05935 & 1 & 0.0067235 \\ 1.4045 & 1.1417 & 8.8212 & 148.74 & 1 \end{bmatrix}$$

根据(4.22)式可以计算出 2018 年货币汇率指数的权重为:

$$\alpha_1 = \frac{3954749}{\begin{aligned}&3954749 \times 1 + 4217594 \times 1.2302 + 4107138 \times 0.1593 \\ &+ 1369799 \times 0.0094435 + 1084623 \times 1.4045\end{aligned}}$$

$$= 0.348934414344815$$

$$\alpha_2 = \frac{4217594}{\begin{aligned}&3954749 \times 0.8128 + 4217594 \times 1 + 4107138 \times 0.1295 \\ &+ 1369799 \times 0.0076765 + 1084623 \times 1.1417\end{aligned}}$$

$$= 0.457801284881409$$

---

① 英为财情[DB/OL].[2020-11-10].https://cn.investing.com/.

$$\alpha_3 = \frac{4107138}{\substack{3954749 \times 6.2805 + 4217594 \times 7.7263 + 4107138 \times 1 \\ + 1369799 \times 0.05935 + 1084623 \times 8.8212}}$$

$$= 0.0577004795760454$$

$$\alpha_4 = \frac{1369799}{\substack{3954749 \times 105.89 + 4217594 \times 130.27 + 4107138 \times 16.861 \\ + 1369799 \times 1 + 1084623 \times 148.74}}$$

$$= 0.00114136465700543$$

$$\alpha_5 = \frac{1084623}{\substack{3954749 \times 0.7119 + 4217594 \times 0.8759 + 4107138 \times 0.1134 \\ + 1369799 \times 0.0067235 + 1084623 \times 1}}$$

$$= 0.13441587179096$$

对于 $(\alpha_1, \alpha_2, \alpha_3, \alpha_4, \alpha_5)$ 归一化,得到权重

$$W = (0.348936712005747, 0.457804299408162,$$

$$0.0577008595217666, 0.00114137217265558,$$

$$0.134416756891668)。$$

类似的,已知 2018 年年底和 2019 年年底的汇率表 $R_{2018年末}$ 和 $R_{2019年末}$ 如下:

$$R_{2018年末} = \begin{bmatrix} 1 & 0.8722 & 6.8785 & 109.72 & 0.7842 \\ 1.1464 & 1 & 7.8855 & 125.78 & 0.899 \\ 0.1454 & 0.1268 & 1 & 15.9512 & 0.114 \\ 0.009114 & 0.00795 & 0.06318 & 1 & 0.00715 \\ 1.2752 & 1.1123 & 8.7715 & 139.91 & 1 \end{bmatrix}$$

$$R_{2019年末} = \begin{bmatrix} 1 & 0.8919 & 6.9632 & 108.7 & 0.7544 \\ 1.1212 & 1 & 7.8072 & 121.88 & 0.8459 \\ 0.1436 & 0.1281 & 1 & 15.6113 & 0.1084 \\ 0.0091995 & 0.008205 & 0.06422 & 1 & 0.00695 \\ 1.3255 & 1.1822 & 9.2297 & 144.09 & 1 \end{bmatrix}$$

可以计算出 2019 年和 2020 年的权重,见表 4 - 2。

表 4 - 2 　　　　　　　　　2018—2020 年各年份权重

	权重		
	2018 年	2019 年	2020 年
w_1	0.348936712005747	0.366764979392695	0.36559914796139
w_2	0.457804299408162	0.44843140939337	0.445090715542525
w_3	0.0577008595217666	0.0553750150029306	0.0567263336100175
w_4	0.00114137217265558	0.00115784319926947	0.00116865145561619
w_5	0.134416756891668	0.128270753011735	0.131415151430452

三、基期基数的确定

设定人民币汇率指数在基期的值 $I_0 = 10000$,采用四种不同方法计算货币汇率指数,则其基数 B 也不同。

(一)算术加权倒数法计算汇率指数

当采用算术加权倒数法计算汇率指数时,根据(4.9)得:

$$B_0 = I_0 \sum_{i=1}^{5} w_i R_{i3}$$

$$= 10000 \times (0.348936712005747 \times 6.2805$$

$$+ 0.457804299408162 \times 7.7263 + 0.0577008595217666$$

$$\times 1 + 0.00114137217265558 \times 0.05953$$

$$+ 0.134416756891668 \times 8.8212)$$

$$= 69721.1607412238$$

(二)几何加权倒数法计算汇率指数

当采用几何加权倒数法计算汇率指数时,根据(4.10)得:

$$B_0 = I_0 \prod_{i=1}^{5} R_{i3}^{-w_i}$$

$$= 10000 \times 6.2805^{-0.348936712005747} \times 7.7263^{-0.457804299408162}$$

$$\times 1^{-0.0577008595217666} \times 0.05953^{-0.00114137217265558}$$

$$\times 8.8212^{-0.134416756891668}$$

$$= 64663.8353270118$$

(三) 调和加权倒数法计算汇率指数

当采用调和加权倒数法计算汇率指数时,根据(4.11)得:

$$B_0 = \frac{I_0}{\sum\limits_{i=1}^{5} \dfrac{w_i}{R_{i3}}}$$

$$= 10000 \div \left(\frac{0.348936712005747}{6.2805} + \frac{0.457804299408162}{7.7263} \right.$$

$$+ \frac{0.0577008595217666}{1} + \frac{0.00114137217265558}{0.05953}$$

$$\left. + \frac{0.134416756891668}{8.8212} \right)$$

$$= 48313.5065471756$$

(四) 平方加权倒数法计算汇率指数

当采用平方加权倒数法计算汇率指数时,根据(4.12)得:

$$B_0 = I_0 \sqrt{\sum_{i=1}^{5} w_i R_{i3}^2}$$

$$= 10000 \times \sqrt{\begin{array}{l} 0.348936712005747 \times 6.2805^2 + 0.457804299408162 \times 7.7263^2 \\ + 0.0577008595217666 \times 1^2 + 0.00114137217265558 \\ \times 0.05953^2 + 0.134416756891668 \times 8.8212^2 \end{array}}$$

$$= 71839.9631310257$$

类似的,我们可以计算出四种不同的汇率指数计算方法在各个时间区间的基数 B_0,见表 4-3。

表 4-3　　　　　四种汇率指数计算方法在基期的基数 B_0

汇率指数 计算方法	算术加权 倒数法	几何加权 倒数法	调和加权 倒数法	平方加权 倒数法
基期的 基数 B_0	69721.1607412238	64663.8353270118	48313.5065471756	71839.9631310257

四、基数的调整

在货币汇率指数运行期间,由于每年权重有所变化,需要对货币汇率指数的基数进行相应调整,以确保货币汇率指数的平稳性。

(一)算术加权倒数法的基数调整

当采用算术加权倒数法计算汇率指数时,根据(4.18)得,2019 年新基数为

$$B_1 = \frac{1}{5} \sum_{k=1}^{5} \left(\frac{\sum\limits_{i=1}^{5} \widetilde{w}_i r_{ik}}{\sum\limits_{i=1}^{5} w_i r_{ik}} \right) \cdot B_0 = 69825.3333041719$$

2020 年新基数为

$$B_2 = \frac{1}{5} \sum_{k=1}^{5} \left(\frac{\sum\limits_{i=1}^{5} \widetilde{w}_i r_{ik}}{\sum\limits_{i=1}^{5} w_i r_{ik}} \right) \cdot B_1 = 69750.2368746457$$

(二)几何加权倒数法的基数调整

当采用几何加权倒数法计算汇率指数时,根据(4.19)得,2019 年新基数为

$$B_1 = \sqrt{\prod_{k=1}^{5} \left(\prod_{i=1}^{5} r_{ik}^{\widetilde{w}_i - w_i} \right)} \cdot B_0 = 64881.0375380933$$

2020 年新基数为

$$B_2 = \sqrt[5]{\prod_{k=1}^{5} \left(\prod_{i=1}^{5} r_{ik}^{\tilde{w}_i - w_i} \right)} \cdot B_1 = 64709.5014675169$$

（三）调和加权倒数法的基数调整

当采用调和加权倒数法计算汇率指数时，根据（4.20）得，
2019 年新基数为

$$B_1 = \frac{1}{5} \sum_{k=1}^{5} \left(\frac{\sum\limits_{i=1}^{5} \dfrac{\tilde{w}_i}{r_{ik}}}{\sum\limits_{i=1}^{5} \dfrac{w_i}{r_{ik}}} \right) \cdot B_0 = 48647.2955374535$$

2020 年新基数为

$$B_2 = \frac{1}{5} \sum_{k=1}^{5} \left(\frac{\sum\limits_{i=1}^{5} \dfrac{\tilde{w}_i}{r_{ik}}}{\sum\limits_{i=1}^{5} \dfrac{w_i}{r_{ik}}} \right) \cdot B_1 = 48248.6938494237$$

（四）平方加权倒数法的基数调整

当采用平方加权倒数法计算汇率指数时，根据（4.21）得，
2019 年新基数为

$$B_1 = \frac{1}{n} \sum_{k=1}^{n} \sqrt{\frac{\sum\limits_{i=1}^{n} \tilde{w}_i r_{ik}^2}{\sum\limits_{i=1}^{n} w_i r_{ik}^2}} \cdot B_0 = 71901.4999757853$$

2020 年新基数为

$$B_2 = \frac{1}{5} \sum_{k=1}^{5} \sqrt{\frac{\sum\limits_{i=1}^{5} \tilde{w}_i r_{ik}^2}{\sum\limits_{i=1}^{5} w_i r_{ik}^2}} \cdot B_1 = 71861.424081034$$

类似的,我们可以计算出四种不同的汇率指数计算方法在各个时间区间的基数 B_0,见表 4-4。

表 4-4　　　　四种汇率指数计算方法在不同时期的基数

时间区间	基数 B			
	算术加权倒数法	几何加权倒数法	调和加权倒数法	平方加权倒数法
2018/04/02—2018/12/31	69721.1607412238	64663.8353270118	48313.5065471756	71839.9631310257
2019/01/01—2019/12/31	69825.3333041719	64881.0375380933	48647.2955374535	71901.4999757853
2020/01/01—2020/06/23	69750.2368746457	64709.5014675169	48248.6938494237	71861.424081034

五、新货币汇率指数计算

利用性质 4.2 中的(4.9)式,采用算术加权倒数法,计算得到美元汇率指数、欧元汇率指数、人民币汇率指数、日元汇率指数和英镑汇率指数,见表 4-5。2018 年 4 月 2 日至 2020 年 6 月 23 日共有 579 个交易日,因此计算得到了 579 条货币汇率指数数据。如果列出 579 条数据,则所占页面过多,因此表 4-5 只展示了最早 5 条数据和最晚 5 条数据。

表 4-5　　　　算术加权倒数法计算的货币汇率指数

日　　期	IndexUSD	IndexEUR	IndexCNY	IndexJPY	IndexGBP
2018/04/02	62805.16	77264.95	10000	593.1	88213.7
2018/04/03	62878.9	77155.71	9996.67	589.81	88399.06

日　　期	IndexUSD	IndexEUR	IndexCNY	IndexJPY	IndexGBP
2018/04/04	62829.13	77140.78	9964.72	588.41	88471.06
2018/04/05	63009.6	77123.19	9993.21	586.77	88233.29
2018/04/06	62805.26	77141.55	9960.79	587.35	88507.85
……	……	……	……	……	……
2020/06/17	67090.01	75438.62	9468.39	626.98	84240.67
2020/06/18	67337.61	75443.03	9498.69	629.5	83670.77
2020/06/19	67493.06	75437.51	9543.3	631.46	83409.28
2020/06/22	67043.19	75616.52	9483.91	627.69	83797.76
2020/06/23	67205.78	75569.53	9507.17	628.26	83647.69

　　利用性质 4.2 中的(4.10)式,采用几何加权倒数法,计算得到美元汇率指数、欧元汇率指数、人民币汇率指数、日元汇率指数和英镑汇率指数,见表 4-6。与表 4-5 类似,表 4-6 只展示了 579 条数据的最早 5 条数据和最晚 5 条数据。

表 4-6　　　　几何加权倒数法计算的货币汇率指数

日　　期	IndexUSD	IndexEUR	IndexCNY	IndexJPY	IndexGBP
2018/04/02	62803.63	77263.1	10000	593.1	88212.8
2018/04/03	62875.29	77154.08	9996.14	589.78	88397.84
2018/04/04	62828.22	77138.71	9964.57	588.4	88467.55
2018/04/05	62993.55	77105.89	9990.65	586.62	88209.48
2018/04/06	62805.75	77142.63	9960.89	587.36	88510.29
……	……	……	……	……	……
2020/06/17	66789.14	75099.95	9425.83	624.17	83861.82

日　　　期	IndexUSD	IndexEUR	IndexCNY	IndexJPY	IndexGBP
2020/06/18	67019.08	75087.2	9453.87	626.53	83276.93
2020/06/19	67168.68	75075.12	9497.44	628.42	83008.86
2020/06/22	66738.8	75275.24	9441.01	624.81	83417.73
2020/06/23	66901.54	75224.66	9463.01	625.49	83268.04

利用性质 4.2 中的(4.11)式,采用调和加权倒数法,计算得到美元汇率指数、欧元汇率指数、人民币汇率指数、日元汇率指数和英镑汇率指数,见表 4-7。与表 4-5 类似,表 4-7 只展示了 579 条数据的最早 5 条数据和最晚 5 条数据。

表 4-7　　　　　　调和加权倒数法计算的货币汇率指数

日　　　期	IndexUSD	IndexEUR	IndexCNY	IndexJPY	IndexGBP
2018/04/02	62800.67	77257.68	10000	593.13	88211.63
2018/04/03	62878.68	77169.14	9995.57	589.83	88419.67
2018/04/04	62858.63	77172.73	9969.51	588.68	88498.9
2018/04/05	62994.35	77117.69	9988.63	586.64	88204.54
2018/04/06	62840.13	77188.57	9966.63	587.68	88565.9
……	……	……	……	……	……
2020/06/17	66661.14	74953.78	9406.42	622.94	83689.4
2020/06/18	66849.05	74901.9	9430.73	624.98	83078.18
2020/06/19	66962.08	74845.54	9468.39	626.49	82747.44
2020/06/22	66595.08	75108.99	9421.54	623.3	83243.67
2020/06/23	66759.49	75072.87	9435.63	624.5	83082.18

利用性质 4.2 中的(4.12)式,采用平方加权倒数法,计算得到美元汇率指数、欧元汇率指数、人民币汇率指数、日元汇率指数和英镑汇率指数,见表 4-8。与表 4-5 类似,表 4-8 只展示了 579 条数据的最早 5 条数据和最晚 5 条数据。

表 4-8　　　　平方加权倒数法计算的货币汇率指数

日　　　期	IndexUSD	IndexEUR	IndexCNY	IndexJPY	IndexGBP
2018/04/02	62805.43	77264.95	10000	593.1	88213.4
2018/04/03	62880	77156.28	9996.84	589.82	88400.03
2018/04/04	62828.68	77140.55	9964.66	588.41	88470.44
2018/04/05	63022.12	77138.08	9995.18	586.89	88250.85
2018/04/06	62803.25	77139.25	9960.46	587.33	88504.7
……	……	……	……	……	……
2020/06/17	67421.37	75811.2	9515.17	630.08	84656.92
2020/06/18	67685.81	75833.11	9547.82	632.75	84103.23
2020/06/19	67847.32	75833.54	9593.39	634.77	83847.07
2020/06/22	67377.67	75992.96	9531.18	630.84	84215.74
2020/06/23	67546.81	75953.22	9555.5	631.43	84071.99

六、新货币汇率指数图形展示

根据表 4-5 至表 4-8 中货币汇率指数数据,绘制出美元汇率指数、欧元汇率指数、人民币汇率指数、日元汇率指数和英镑汇率指数图像。为了便于四种货币汇率指数计算方法得到的汇率指数的比较,我们把四种货币汇率指数计算方法得到的同一种货币的汇率指数放在一起。四种货币汇率指数计算方法得到的4个美元指数都放在图4-1,4个欧元指数都放在图4-2,4个人民币指数都放在图4-3,4个日元指数都放在图4-4,4个英镑指数都放在图4-5。其中,子图标题中的"Method 1"表示算术加权倒数法得到的汇率指数,"Method 2"表示几何加权倒数法得到的汇率指数,"Method 3"表示调和加权倒数法得到的汇率指数,"Method 4"表示平方加权倒数法得到的汇率指数。

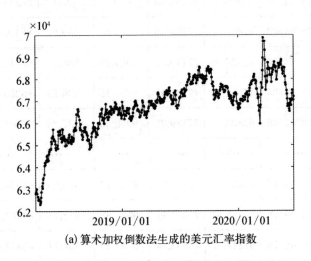

(a) 算术加权倒数法生成的美元汇率指数

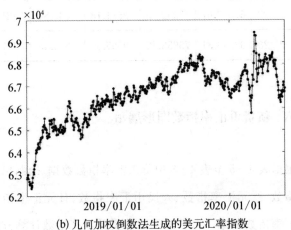

(b) 几何加权倒数法生成的美元汇率指数

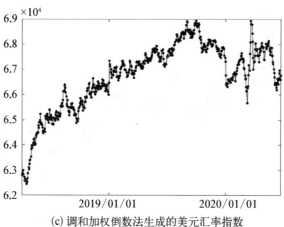

(c) 调和加权倒数法生成的美元汇率指数

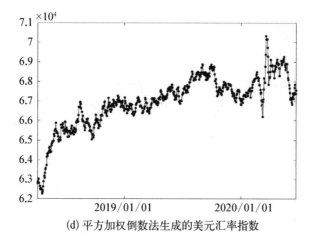

(d) 平方加权倒数法生成的美元汇率指数

图 4-1　四种方法生成的美元汇率指数（IndexUSD）

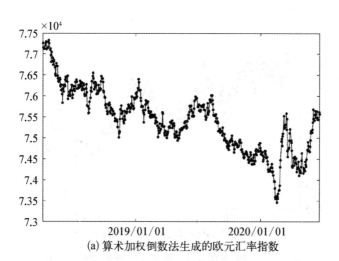

(a) 算术加权倒数法生成的欧元汇率指数

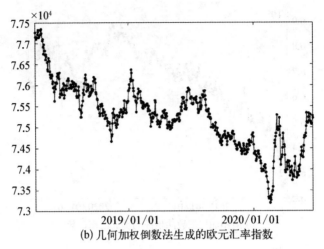

(b) 几何加权倒数法生成的欧元汇率指数

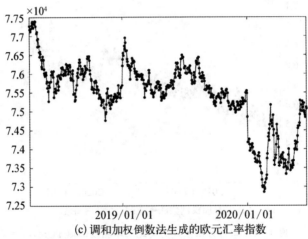

(c) 调和加权倒数法生成的欧元汇率指数

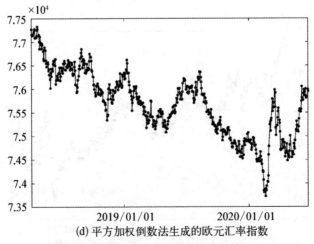

(d) 平方加权倒数法生成的欧元汇率指数

图 4-2　四种方法生成的欧元汇率指数（IndexEUR）

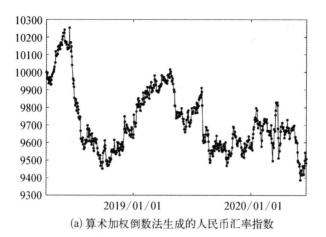

(a) 算术加权倒数法生成的人民币汇率指数

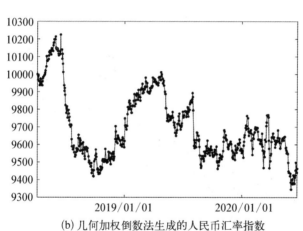

(b) 几何加权倒数法生成的人民币汇率指数

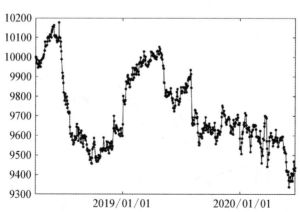

(c) 调和加权倒数法生成的人民币汇率指数

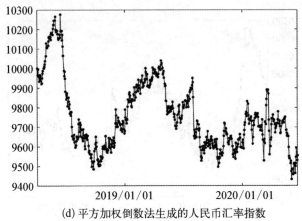

(d) 平方加权倒数法生成的人民币汇率指数

图 4-3 四种方法生成的人民币汇率指数(IndexCNY)

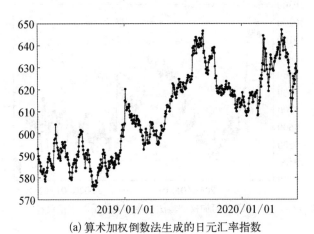

(a) 算术加权倒数法生成的日元汇率指数

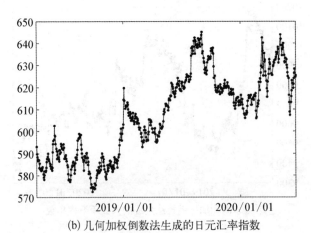

(b) 几何加权倒数法生成的日元汇率指数

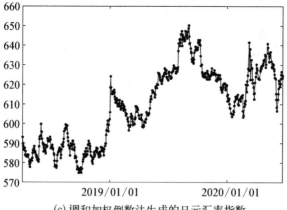

(c) 调和加权倒数法生成的日元汇率指数

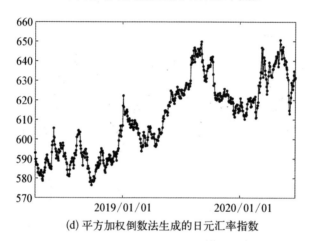

(d) 平方加权倒数法生成的日元汇率指数

图 4 - 4　四种方法生成的日元汇率指数（IndexJPY）

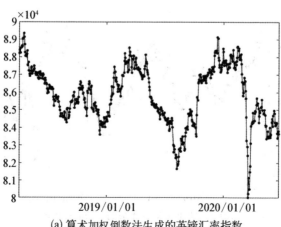

(a) 算术加权倒数法生成的英镑汇率指数

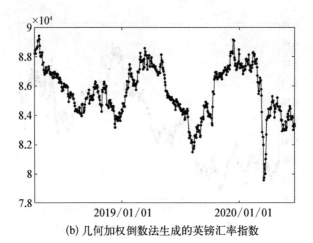

(b) 几何加权倒数法生成的英镑汇率指数

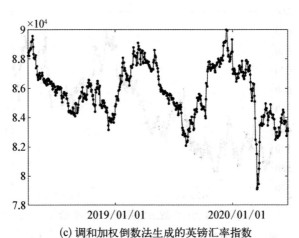

(c) 调和加权倒数法生成的英镑汇率指数

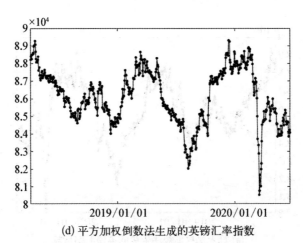

(d) 平方加权倒数法生成的英镑汇率指数

图 4-5　四种方法生成的英镑汇率指数(IndexGBP)

从图 4-1 至图 4-5 不难看出，算术加权倒数法、几何加权倒数法、平方加权倒数法计算得到的汇率指数走势比较一致，调和加权倒数法计算得到的汇率指数与前三者差异性稍微大一些，但是大趋势方面差异并不明显。

第五节　四种新提出的货币汇率指数生成方法比较

在第三节中，我们指出了现有货币汇率指数的一个重要缺陷，即基于两个货币汇率指数得到的汇率估计值与外汇市场中真实汇率偏差较大。本章新提出了四种货币汇率指数生成方法。在本节中，我们将检查新方法计算的货币汇率指数是否克服了这个缺陷。比较标准是，任意两种货币汇率指数比值与真实汇率偏差大小。

货币 X 的汇率指数和货币 Y 的汇率指数估计货币 X 兑换货币 Y 汇率的相对偏差（relative deviation）记为 RD_{XY}，相对误差（relative error）记为 $ERROR_{XY}$，即

$$RD_{XY} = \frac{\mathrm{Index}X/\mathrm{Index}Y - CurrX/CurrY}{CurrX/CurrY}$$

$$ERROR_{XY} = \left| \frac{\mathrm{Index}X/\mathrm{Index}Y - CurrX/CurrY}{CurrX/CurrY} \right|$$

其中，$IndexX$ 和 $IndexY$ 分别表示货币 X 和货币 Y 按照新方法计算出的汇率指数，$CurrX/CurrY$ 表示货币 X 兑换货币 Y 的实际汇率。任意两种货币汇率指数比值与真实汇率越接近，即 RD_{XY} 和 $ERROR_{XY}$ 与 0 越接近，则认为生成的货币汇率指数越好。下面从相对偏差和相对误差两个方面进行比较。

一、货币汇率指数两两比值与真实汇率的相对偏差分析

利用四种货币汇率指数计算方法得到的四种货币汇率指数估计真实汇率的偏差分析见表4-9至表4-12。其中,算术加权倒数法汇率指数估计真实汇率的偏差分析见表4-9,几何加权倒数法汇率指数估计真实汇率的偏差分析见表4-10,调和加权倒数法汇率指数估计真实汇率的偏差分析见表4-11,平方加权倒数法汇率指数估计真实汇率的偏差分析见表4-12。

表4-9　算术加权倒数法汇率指数估计真实汇率的相对偏差分析

统计分析指标		USD	EUR	CNY	JPY	GBP
USD	最小值	—	$-4.18E-04$	$-3.86E-04$	$-8.48E-04$	$-3.78E-04$
	最大值	—	$6.55E-04$	$6.63E-04$	$1.42E-03$	$6.95E-04$
	平均值	—	**$3.23E-07$**	**$3.26E-06$**	**$4.46E-06$**	**$2.63E-06$**
	标准差	—	$6.95E-05$	$6.13E-05$	$9.97E-05$	$7.63E-05$
EUR	最小值	$-3.34E-04$	—	$-1.25E-04$	$-1.46E-03$	$-3.81E-04$
	最大值	$6.14E-04$	—	$2.12E-04$	$9.80E-04$	$1.54E-04$
	平均值	**$-1.07E-06$**	—	**$-9.44E-07$**	**$-1.75E-06$**	**$-1.98E-07$**
	标准差	$6.18E-05$	—	$2.21E-05$	$8.11E-05$	$4.11E-05$
CNY	最小值	$-1.20E-03$	$-7.62E-04$	—	$-9.97E-04$	$-8.92E-04$
	最大值	$2.58E-03$	$1.65E-03$	—	$4.07E-03$	$2.27E-03$
	平均值	**$7.75E-06$**	**$-2.12E-05$**	—	**$4.04E-06$**	**$-2.55E-05$**
	标准差	$2.90E-04$	$3.47E-04$	—	$1.76E-04$	$3.99E-04$
JPY	最小值	$-2.76E-03$	$-5.29E-03$	$-1.29E-02$	—	$-2.10E-02$
	最大值	$8.52E-04$	$1.47E-03$	$7.50E-03$	—	$2.50E-02$

统计分析指标		USD	EUR	CNY	JPY	GBP
JPY	平均值	**−8.56E−06**	**−5.87E−06**	**−2.08E−04**	—	**−7.17E−05**
	标准差	1.63E−04	2.35E−04	1.18E−03	—	1.74E−03
GBP	最小值	−5.06E−04	−3.48E−04	−4.03E−04	−1.03E−03	—
	最大值	7.83E−04	4.56E−04	4.85E−04	1.90E−03	—
	平均值	**6.57E−06**	**4.15E−06**	**−6.15E−07**	**−4.87E−07**	—
	标准差	1.15E−04	5.49E−05	4.55E−05	1.02E−04	—

表 4-10　几何加权倒数法汇率指数估计真实汇率的相对偏差分析

统计分析指标		USD	EUR	CNY	JPY	GBP
USD	最小值	—	−3.51E−04	−3.48E−04	−7.99E−04	−3.80E−04
	最大值	—	5.75E−04	5.84E−04	1.30E−03	6.51E−04
	平均值	—	**1.71E−06**	**3.59E−06**	**4.31E−06**	**4.15E−06**
	标准差	—	6.74E−05	5.79E−05	9.38E−05	7.71E−05
EUR	最小值	−4.02E−04	—	−1.37E−04	−1.62E−03	−4.05E−04
	最大值	6.94E−04	—	2.94E−04	1.06E−03	1.56E−04
	平均值	**−2.46E−06**	—	**−1.99E−06**	**−3.28E−06**	**−6.05E−08**
	标准差	7.00E−05	—	3.11E−05	9.05E−05	5.12E−05
CNY	最小值	−1.12E−03	−7.27E−04	—	−9.32E−04	−8.47E−04
	最大值	2.46E−03	1.57E−03	—	3.83E−03	2.16E−03
	平均值	**7.42E−06**	**−2.02E−05**	—	**3.56E−06**	**−2.43E−05**
	标准差	2.75E−04	3.30E−04	—	1.66E−04	3.80E−04
JPY	最小值	−2.75E−03	−5.34E−03	−1.29E−02	—	−2.10E−02
	最大值	8.04E−04	1.62E−03	7.49E−03	—	2.49E−02

统计分析指标		USD	EUR	CNY	JPY	GBP
JPY	平均值	−8.41E−06	−4.34E−06	−2.07E−04	—	−7.00E−05
	标准差	1.59E−04	2.41E−04	1.18E−03	—	1.73E−03
GBP	最小值	−4.97E−04	−3.24E−04	−3.15E−04	−9.81E−04	—
	最大值	8.18E−04	4.58E−04	5.11E−04	1.76E−03	—
	平均值	5.05E−06	4.02E−06	−1.80E−06	−2.16E−06	—
	标准差	1.20E−04	6.33E−05	4.89E−05	9.92E−05	—

表 4-11　调和加权倒数法汇率指数估计真实汇率的相对偏差分析

统计分析指标		USD	EUR	CNY	JPY	GBP
USD	最小值	—	−4.04E−04	−5.68E−04	−5.36E−04	−2.35E−03
	最大值	—	4.54E−04	1.26E−03	7.56E−04	1.78E−03
	平均值	—	8.08E−06	2.36E−05	4.41E−06	1.75E−05
	标准差	—	1.28E−04	1.43E−04	1.01E−04	2.17E−04
EUR	最小值	−6.60E−04	—	−8.05E−04	−2.05E−03	−2.34E−03
	最大值	1.04E−03	—	1.17E−03	1.26E−03	1.72E−03
	平均值	−8.82E−06	—	1.16E−05	−9.55E−06	6.91E−06
	标准差	1.47E−04	—	1.52E−04	1.43E−04	2.16E−04
CNY	最小值	−1.05E−03	−1.37E−03	—	−1.18E−03	−1.82E−03
	最大值	1.68E−03	1.37E−03	—	2.51E−03	1.50E−03
	平均值	−1.26E−05	−3.38E−05	—	−1.63E−05	−3.10E−05
	标准差	2.28E−04	2.76E−04	—	1.54E−04	3.19E−04
JPY	最小值	−2.51E−03	−5.18E−03	−1.18E−02	—	−1.93E−02
	最大值	5.40E−04	2.06E−03	6.82E−03	—	2.25E−02

统计分析指标		USD	EUR	CNY	JPY	GBP
JPY	平均值	$-8.51E-06$	$1.94E-06$	$-1.87E-04$	—	$-5.70E-05$
	标准差	$1.49E-04$	$2.58E-04$	$1.07E-03$	—	$1.58E-03$
GBP	最小值	$-1.87E-03$	$-1.72E-03$	$-5.75E-04$	$-1.74E-03$	—
	最大值	$2.29E-03$	$2.29E-03$	$2.29E-03$	$2.41E-03$	—
	平均值	$-8.25E-06$	$-2.91E-06$	$4.88E-06$	$-1.54E-05$	—
	标准差	$2.38E-04$	$2.16E-04$	$1.84E-04$	$2.01E-04$	—

表 4 - 12　平方加权倒数法汇率指数估计真实汇率的相对偏差分析

统计分析指标		USD	EUR	CNY	JPY	GBP
USD	最小值	—	$-4.42E-04$	$-4.03E-04$	$-8.77E-04$	$-3.95E-04$
	最大值	—	$6.82E-04$	$6.90E-04$	$1.44E-03$	$7.17E-04$
	平均值	—	$1.99E-07$	$3.46E-06$	$4.56E-06$	$2.67E-06$
	标准差	—	$7.30E-05$	$6.42E-05$	$1.03E-04$	$7.95E-05$
EUR	最小值	$-3.11E-04$	—	$-1.36E-04$	$-1.43E-03$	$-3.71E-04$
	最大值	$5.88E-04$	—	$2.06E-04$	$9.40E-04$	$1.45E-04$
	平均值	$-9.49E-07$	—	$-6.15E-07$	$-1.53E-06$	$-3.61E-08$
	标准差	$6.08E-05$	—	$2.10E-05$	$7.85E-05$	$3.91E-05$
CNY	最小值	$-1.22E-03$	$-7.69E-04$	—	$-1.03E-03$	$-8.99E-04$
	最大值	$2.59E-03$	$1.65E-03$	—	$4.11E-03$	$2.28E-03$
	平均值	$7.55E-06$	$-2.16E-05$	—	$3.94E-06$	$-2.56E-05$
	标准差	$2.92E-04$	$3.49E-04$	—	$1.78E-04$	$4.02E-04$
JPY	最小值	$-2.76E-03$	$-5.28E-03$	$-1.29E-02$	—	$-2.10E-02$
	最大值	$8.81E-04$	$1.43E-03$	$7.51E-03$	—	$2.50E-02$

统计分析指标		USD	EUR	CNY	JPY	GBP
JPY	平均值	**−8.66E−06**	**−6.09E−06**	**−2.08E−04**	—	**−7.17E−05**
	标准差	1.65E−04	2.34E−04	1.18E−03	—	1.74E−03
GBP	最小值	−4.93E−04	−3.58E−04	−4.10E−04	−1.06E−03	—
	最大值	7.60E−04	4.40E−04	4.64E−04	1.92E−03	—
	平均值	**6.53E−06**	**3.99E−06**	**−4.48E−07**	**−4.25E−07**	—
	标准差	1.13E−04	5.29E−05	4.44E−05	1.03E−04	—

表 4 - 13　　　　四种方法得到的汇率指数估计真实
汇率的相对偏差平均值比较

统计分析指标		USD	EUR	CNY	JPY	GBP
USD	Method 1	—	3.23E−07	3.26E−06	4.46E−06	2.63E−06
	Method 2	—	1.71E−06	3.59E−06	4.31E−06	4.15E−06
	Method 3	—	8.08E−06	2.36E−05	4.41E−06	1.75E−05
	Method 4	—	1.99E−07	3.46E−06	4.56E−06	2.67E−06
EUR	Method 1	−1.07E−06	—	−9.44E−07	−1.75E−06	−1.98E−07
	Method 2	−2.46E−06	—	−1.99E−06	−3.28E−06	−6.05E−08
	Method 3	−8.82E−06	—	1.16E−05	−9.55E−06	6.91E−06
	Method 4	−9.49E−07	—	−6.15E−07	−1.53E−06	−3.61E−08
CNY	Method 1	7.75E−06	−2.12E−05	—	4.04E−06	−2.55E−05
	Method 2	7.42E−06	−2.02E−05	—	3.56E−06	−2.43E−05
	Method 3	−1.26E−05	−3.38E−05	—	−1.63E−05	−3.10E−05
	Method 4	7.55E−06	−2.16E−05	—	3.94E−06	−2.56E−05
JPY	Method 1	−8.56E−06	−5.87E−06	−2.08E−04	—	−7.17E−05
	Method 2	−8.41E−06	−4.34E−06	−2.07E−04	—	−7.00E−05

统计分析指标		USD	EUR	CNY	JPY	GBP
JPY	Method 3	$-8.51E-06$	$1.94E-06$	$-1.87E-04$	—	$-5.70E-05$
	Method 4	$-8.66E-06$	$-6.09E-06$	$-2.08E-04$	—	$-7.17E-05$
GBP	Method 1	$6.57E-06$	$4.15E-06$	$-6.15E-07$	$-4.87E-07$	—
	Method 2	$5.05E-06$	$4.02E-06$	$-1.80E-06$	$-2.16E-06$	—
	Method 3	$-8.25E-06$	$-2.91E-06$	$4.88E-06$	$-1.54E-05$	—
	Method 4	$6.53E-06$	$3.99E-06$	$-4.48E-07$	$-4.25E-07$	—

表 4-9 至表 4-12 给出了利用美元(USD)、欧元(EUR)、人民币(CNY)、日元(JPY)和英镑(GBP)5 种货币的汇率指数估计真实汇率产生的偏差的最小值、最大值、平均值和标准差。比如，在表 4-9 中第 5 列第 2 至第 5 行中，-3.86×10^{-4}，6.63×10^{-4}，3.26×10^{-6} 和 6.13×10^{-5}，分别表示当用美元指数(Index USD)除以人民币指数(IndexCNY)估计美元(USD)兑换人民币(CNY)的真实汇率时，其相对偏差的最小值为 -3.86×10^{-4}，最大值为 6.63×10^{-4}，平均值为 3.26×10^{-6}，标准差为 6.13×10^{-5}。

从表 4-9 至表 4-12 可以看出，由本章新提出的四种方法构建的货币汇率指数比值估计真实汇率的相对偏差与零都非常接近。实际上，在表 4-9 至表 4-12 中，该相对偏差的平均值都小于 10^{-4} 数量级，即相对偏差平均值几乎为万分之几的水平，与表 3-8 对照可以看出，用本章新方法构建的货币汇率指数估计真实汇率的精度提高了一个数量级。这也充分说明了，新方法构建的货币汇率指数可以更好地反映出该货币在汇率市场的实际波动情况。

为了便于比较本章新提出的四种方法构建的货币汇率指数比值估计真实汇率的相对偏差的相互大小关系，我们利用表 4-

9至表4-12中相对偏差平均值构建了表4-13。在表4-13中，"Method 1"表示算术加权倒数法计算的货币汇率指数，"Method 2"表示几何加权倒数法计算的货币汇率指数，"Method 3"表示调和加权倒数法计算的货币汇率指数，"Method 4"表示平方加权倒数法计算的货币汇率指数。从表4-13可以看出，在新提出的四种货币汇率指数计算方法中，几何加权倒数法和调和加权倒数法计算的货币汇率指数两两比值与真实汇率的相对偏差稍微大一些，算术加权倒数法和平方加权倒数法计算的货币汇率指数两两比值与真实汇率的相对偏差稍微小一些，即算术加权倒数法和平方加权倒数法表现更好一些。

二、货币汇率指数两两比值与真实汇率的相对误差分析

利用四种货币汇率指数计算方法得到的四种货币汇率指数估计真实汇率的误差分析见表4-14至表4-17。其中，算术加权倒数法汇率指数估计真实汇率的误差分析见表4-14，几何加权倒数法汇率指数估计真实汇率的误差分析见表4-15，调和加权倒数法汇率指数估计真实汇率的误差分析见表4-16，平方加权倒数法汇率指数估计真实汇率的误差分析见表4-17。

表4-14　算术加权倒数法汇率指数估计真实汇率的相对误差分析

统计分析指标		USD	EUR	CNY	JPY	GBP
USD	最小值	—	6.50E-08	1.03E-08	7.43E-08	3.65E-08
	最大值	—	6.55E-04	6.63E-04	1.42E-03	6.95E-04
	平均值	—	**4.33E-05**	**2.53E-05**	**4.85E-05**	**4.65E-05**
	标准差	—	5.44E-05	5.60E-05	8.72E-05	6.05E-05

统计分析指标		USD	EUR	CNY	JPY	GBP
EUR	最小值	8.30E−08	—	7.37E−09	2.08E−07	9.46E−08
	最大值	6.14E−04	—	2.12E−04	1.46E−03	3.81E−04
	平均值	**3.27E−05**	—	**1.63E−05**	**3.15E−05**	**3.02E−05**
	标准差	5.24E−05	—	1.48E−05	7.47E−05	2.78E−05
CNY	最小值	4.57E−07	6.14E−07	—	1.31E−08	7.77E−07
	最大值	2.58E−03	1.65E−03	—	4.07E−03	2.27E−03
	平均值	**2.19E−04**	**2.82E−04**	—	**2.91E−05**	**3.18E−04**
	标准差	1.90E−04	2.04E−04	—	1.74E−04	2.42E−04
JPY	最小值	1.13E−07	1.99E−07	1.27E−07	—	6.22E−07
	最大值	2.76E−03	5.29E−03	1.29E−02	—	2.50E−02
	平均值	**4.93E−05**	**4.55E−05**	**6.87E−04**	—	**7.00E−04**
	标准差	1.56E−04	2.31E−04	9.83E−04	—	1.59E−03
GBP	最小值	1.92E−07	1.14E−07	1.87E−07	5.60E−08	—
	最大值	7.83E−04	4.56E−04	4.85E−04	1.90E−03	—
	平均值	**6.16E−05**	**3.92E−05**	**2.70E−05**	**4.19E−05**	—
	标准差	9.75E−05	3.86E−05	3.66E−05	9.32E−05	—

表4−15　几何加权倒数法汇率指数估计真实汇率的相对误差分析

统计分析指标		USD	EUR	CNY	JPY	GBP
USD	最小值	—	1.02E−07	9.36E−08	1.95E−07	7.48E−08
	最大值	—	5.75E−04	5.84E−04	1.30E−03	6.51E−04
	平均值	—	**4.54E−05**	**2.86E−05**	**4.71E−05**	**5.01E−05**
	标准差	—	4.98E−05	5.04E−05	8.12E−05	5.88E−05

统计分析指标		USD	EUR	CNY	JPY	GBP
EUR	最小值	7.32E－08	—	2.18E－07	7.77E－09	2.76E－07
	最大值	6.94E－04	—	2.94E－04	1.62E－03	4.05E－04
	平均值	**4.07E－05**	—	**2.35E－05**	**3.74E－05**	**3.94E－05**
	标准差	5.70E－05	—	2.04E－05	8.24E－05	3.26E－05
CNY	最小值	5.16E－07	1.53E－07	—	2.95E－09	1.32E－07
	最大值	2.46E－03	1.57E－03	—	3.83E－03	2.16E－03
	平均值	**2.08E－04**	**2.68E－04**	—	**2.85E－05**	**3.02E－04**
	标准差	1.80E－04	1.94E－04	—	1.64E－04	2.30E－04
JPY	最小值	8.29E－08	6.06E－08	3.59E－07	—	5.09E－07
	最大值	2.75E－03	5.34E－03	1.29E－02	—	2.49E－02
	平均值	**4.93E－05**	**4.99E－05**	**6.86E－04**	—	**7.01E－04**
	标准差	1.51E－04	2.35E－04	9.81E－04	—	1.59E－03
GBP	最小值	1.80E－08	4.12E－08	1.08E－07	5.93E－08	—
	最大值	8.18E－04	4.58E－04	5.11E－04	1.76E－03	—
	平均值	**6.65E－05**	**4.75E－05**	**3.20E－05**	**4.55E－05**	—
	标准差	9.98E－05	4.20E－05	3.70E－05	8.81E－05	—

表 4-16 调和加权倒数法汇率指数估计真实汇率的相对误差分析

统计分析指标		USD	EUR	CNY	JPY	GBP
USD	最小值	—	3.14E－07	8.47E－08	3.00E－07	3.81E－07
	最大值	—	4.54E－04	1.26E－03	7.56E－04	2.35E－03
	平均值	—	**1.02E－04**	**9.80E－05**	**7.46E－05**	**1.44E－04**
	标准差	—	7.65E－05	1.07E－04	6.83E－05	1.62E－04

统计分析指标		USD	EUR	CNY	JPY	GBP
EUR	最小值	7.76E－08	—	1.34E－08	5.08E－08	7.66E－07
	最大值	1.04E－03	—	1.17E－03	2.05E－03	2.34E－03
	平均值	**1.10E－04**	—	**1.06E－04**	**8.98E－05**	**1.45E－04**
	标准差	9.81E－05	—	1.09E－04	1.12E－04	1.60E－04
CNY	最小值	1.70E－07	4.09E－07	—	5.98E－08	4.22E－07
	最大值	1.68E－03	1.37E－03	—	2.51E－03	1.82E－03
	平均值	**1.73E－04**	**2.19E－04**	—	**7.13E－05**	**2.54E－04**
	标准差	1.49E－04	1.72E－04	—	1.37E－04	1.95E－04
JPY	最小值	1.30E－07	2.15E－07	1.48E－06	—	8.72E－07
	最大值	2.51E－03	5.18E－03	1.18E－02	—	2.25E－02
	平均值	**7.51E－05**	**9.78E－05**	**6.22E－04**	—	**6.62E－04**
	标准差	1.28E－04	2.39E－04	8.87E－04	—	1.44E－03
GBP	最小值	6.39E－08	1.21E－06	2.52E－08	6.92E－08	—
	最大值	2.29E－03	2.29E－03	2.29E－03	2.41E－03	—
	平均值	**1.56E－04**	**1.48E－04**	**1.21E－04**	**1.23E－04**	—
	标准差	1.79E－04	1.56E－04	1.38E－04	1.59E－04	—

表 4－17　平方加权倒数法汇率指数估计真实汇率的相对误差分析

统计分析指标		USD	EUR	CNY	JPY	GBP
USD	最小值	—	4.69E－08	4.63E－09	5.75E－07	3.94E－08
	最大值	—	6.82E－04	6.90E－04	1.44E－03	7.17E－04
	平均值	—	**4.57E－05**	**2.66E－05**	**5.12E－05**	**4.86E－05**
	标准差	—	5.69E－05	5.86E－05	8.99E－05	6.29E－05

统计分析指标		USD	EUR	CNY	JPY	GBP
EUR	最小值	1.28E-07	—	7.56E-08	1.30E-08	1.20E-07
	最大值	5.88E-04	—	2.06E-04	1.43E-03	3.71E-04
	平均值	**3.22E-05**	—	**1.53E-05**	**2.96E-05**	**2.85E-05**
	标准差	5.15E-05	—	1.43E-05	7.27E-05	2.67E-05
CNY	最小值	1.25E-07	1.22E-06	—	5.25E-08	1.10E-06
	最大值	2.59E-03	1.65E-03	—	4.11E-03	2.28E-03
	平均值	**2.21E-04**	**2.84E-04**	—	**2.84E-05**	**3.20E-04**
	标准差	1.91E-04	2.05E-04	—	1.76E-04	2.44E-04
JPY	最小值	5.90E-08	2.76E-07	1.89E-06	—	1.93E-07
	最大值	2.76E-03	5.28E-03	1.29E-02	—	2.50E-02
	平均值	**5.04E-05**	**4.44E-05**	**6.88E-04**	—	**7.00E-04**
	标准差	1.58E-04	2.30E-04	9.83E-04	—	1.59E-03
GBP	最小值	1.01E-07	3.36E-08	1.66E-07	2.15E-08	—
	最大值	7.60E-04	4.40E-04	4.64E-04	1.92E-03	—
	平均值	**6.03E-05**	**3.74E-05**	**2.61E-05**	**4.08E-05**	—
	标准差	9.53E-05	3.76E-05	3.59E-05	9.44E-05	—

表 4-14 至表 4-17 给出了利用美元(USD)、欧元(EUR)、人民币(CNY)、日元(JPY)和英镑(GBP)5 种货币的汇率指数估计真实汇率产生的误差的最小值、最大值、平均值和标准差。比如,在表 4-14 中第 5 列第 2 至第 5 行中,1.03×10^{-8},6.63×10^{-4},2.53×10^{-5} 和 5.60×10^{-5},分别表示当用美元指数(IndexUSD)除以人民币指数(IndexCNY)估计美元(USD)兑换人民币(CNY)的真实汇率时,其相对误差的最小值为 $1.03 \times$

10^{-8},最大值为 6.63×10^{-4},平均值为 2.53×10^{-5},标准差为 5.60×10^{-5}。

从表 4 - 14 至表 4 - 17 可以看出,由本章新提出的四种方法构建的货币汇率指数比值估计真实汇率的相对误差与零都非常接近。实际上,在表 4 - 9 至表 4 - 12 中该相对误差的平均值都小于 10^{-4} 数量级,即相对误差平均值几乎为万分之几的水平。与表 3 - 10 对照可以看出,用本章新方法构建的货币汇率指数估计真实汇率的精度非常高。这也充分说明了,新方法构建的货币汇率指数可以非常好地反映出该货币在汇率市场的实际波动情况。

为了便于比较本章新提出的四种方法构建的货币汇率指数比值估计真实汇率的相对误差的相互大小关系,我们利用表 4 - 14 至表 4 - 17 中相对误差平均值构建了表 4 - 18。在表 4 - 18 中,"Method 1"表示算术加权倒数法计算的货币汇率指数,"Method 2"表示几何加权倒数法计算的货币汇率指数,"Method 3"表示调和加权倒数法计算的货币汇率指数,"Method 4"表示平方加权倒数法计算的货币汇率指数。从表 4 - 18 可以看出,在新提出的 4 种货币汇率指数计算方法中,调和加权倒数法计算的货币汇率指数两两比值与真实汇率的相对误差更大,另外三种方法相差不大。

表 4 - 18　　　　四种方法得到的汇率指数估计真
　　　　　　　　实汇率的相对误差平均值比较

统计分析指标		USD	EUR	CNY	JPY	GBP
USD	Method 1	—	4.33E - 05	2.53E - 05	4.85E - 05	4.65E - 05
	Method 2		4.54E - 05	2.86E - 05	4.71E - 05	5.01E - 05
	Method 3		1.02E - 04	9.80E - 05	7.46E - 05	1.44E - 04
	Method 4		4.57E - 05	2.66E - 05	5.12E - 05	4.86E - 05

统计分析指标		USD	EUR	CNY	JPY	GBP
EUR	Method 1	3.27E－05	—	1.63E－05	3.15E－05	3.02E－05
	Method 2	4.07E－05	—	2.35E－05	3.74E－05	3.94E－05
	Method 3	1.10E－04	—	1.06E－04	8.98E－05	1.45E－04
	Method 4	3.22E－05	—	1.53E－05	2.96E－05	2.85E－05
CNY	Method 1	2.19E－04	2.82E－04	—	2.91E－05	3.18E－04
	Method 2	2.08E－04	2.68E－04	—	2.85E－05	3.02E－04
	Method 3	1.73E－04	2.19E－04	—	7.13E－05	2.54E－04
	Method 4	2.21E－04	2.84E－04	—	2.84E－05	3.20E－04
JPY	Method 1	4.93E－05	4.55E－05	6.87E－04	—	7.00E－05
	Method 2	4.93E－05	4.99E－05	6.86E－04	—	7.01E－05
	Method 3	7.51E－05	9.78E－05	6.22E－04	—	6.62E－04
	Method 4	5.04E－05	4.44E－05	6.88E－04	—	7.00E－05
GBP	Method 1	6.16E－05	3.92E－05	2.70E－05	4.19E－05	—
	Method 2	6.65E－05	4.75E－05	3.20E－05	4.55E－05	—
	Method 3	1.56E－04	1.48E－04	1.21E－04	1.23E－04	—
	Method 4	6.03E－05	3.74E－05	2.61E－05	4.08E－05	—

　　为了更直观比较新提出的四种货币汇率指数计算方法的优劣,我们利用表4-18计算出每种货币汇率指数计算方法生成的汇率指数比值估计汇率的相对误差平均值大小排序位次,平均值越小则位次越小,计算结果见表4-19。然后进一步计算出每种货币汇率指数计算方法的位次总和,位次总和越小则越好,计算结果见表4-20。

表 4 - 19　　　　　四种方法得到的汇率指数估计真实
汇率的相对误差平均值大小位次

统计分析指标		USD	EUR	CNY	JPY	GBP	位次和
USD	Method 1	—	1	1	2	1	5
	Method 2	—	2	3	1	3	9
	Method 3	—	4	4	4	4	16
	Method 4	—	3	2	3	2	10
EUR	Method 1	2	—	2	2	2	8
	Method 2	3	—	3	3	3	12
	Method 3	4	—	4	4	4	16
	Method 4	1	—	1	1	1	4
CNY	Method 1	3	3	—	3	3	12
	Method 2	2	2	—	2	2	8
	Method 3	1	1	—	4	1	7
	Method 4	4	4	—	1	4	13
JPY	Method 1	1	2	3	—	2	8
	Method 2	1	3	2	—	4	10
	Method 3	4	4	1	—	1	10
	Method 4	3	1	4	—	2	10
GBP	Method 1	2	2	2	2	—	8
	Method 2	3	3	3	3	—	12
	Method 3	4	4	4	4	—	16
	Method 4	1	1	1	1	—	4

表4-20　　　4种方法得到的汇率指数估计真实汇率的相对误差平均值大小的位次总和

方法名称	算术加权平均法	几何加权平均法	调和加权平均法	平方加权平均法
位次总和	41	51	65	41
备注	未出现过第四位次,更稳定	倒数第二差	最差	出现过第四位次,不太稳定

　　从表4-20可以看出,算术加权倒数法和平方加权倒数法位次总和均为41,表现最好;调和加权倒数法位次总和均为65,表现最差;几何加权倒数法位次总和均为51,表现倒数第二差。另外,从表4-19可以发现,算术加权倒数法位次全部小于4,而平方加权倒数法位次有4的情况,因此,**算术加权倒数法表现最好**。

　　通过本小节相对偏差分析和相对误差分析可以看出,算术加权倒数法计算货币汇率指数效果最好。

第五章

新货币汇率指数

货币汇率指数在金融市场中具有重要地位,它不仅反映了货币价值的变化情况,还可能成为投资产品或者金融衍生品的标的资产。因此,在本章中我们将采用新方法构建一套新的货币汇率指数体系。根据第四章的分析,我们采用算术加权倒数法计算新货币指数。

第一节 新货币汇率指数的目标定位

在第一章中我们已经指出,货币汇率指数主要具有信息功能、投资功能和评价功能三种用途。其中,信息功能要求货币汇率指数能够高度精准地反映货币变化趋势,投资功能要求货币汇率指数具有可交易性并且便于产品开发,评价功能要求货币汇率指数能够较好地跟踪外汇市场,真实全面地反映货币价值变化情况。简言之,货币汇率指数既要能真实全面地反映货币价值变化情况,又要具有可操作性。

在前一章中我们提出了四种全新的货币汇率指数构建方法,并且以美元、欧元、人民币、日元和英镑的汇率指数为例演绎了新方法构建货币汇率指数的过程,分析了新方法所构建的货币汇率指数的优点。实证分析结果表明,新方法构建的货币汇率指数既可以真实地反映货币价值变化情况,又具有可操作性。其中,算术加权倒数法构建的货币汇率指数在反映货币在外汇市场的变化趋势方面更加精准。因此,在本章中我们将利用算术加权倒数法严谨地构建一套货币汇率指数。

新货币汇率指数的目标定位是,构建一套新货币汇率指数,准确地反映货币在外汇市场中的变化情况,可以胜任作为汇率指数衍生产品的标的资产。

第二节 新货币汇率指数编制的 数据来源与预处理

新货币汇率指数编制中包括两个数据处理环节,即特定指数的确定和新货币汇率指数的计算。这两个数据处理环节用到的数据不同,因此数据来源与预处理也不同。

影响一国货币升降的因素非常多,主要因素包括:(1)利率因素。如果一国决定提高国内的利率,就会造成本币的升值,本国货币在外汇市场中将处于强势状态。反之,如果一国决定降低国内的利率,就会造成本币的贬值,本国货币在外汇市场中将处于弱势状态。(2)货币供求。如果增加货币供应的量超过市场需求的量,或者供应增长的速率超过货币需求增长的速率,也会导致货币的贬值。(3)宏观经济运行状况。如果一国的经济运行稳定没有大起大落的状况发生,那么这个国家的货币相对外币就比较有吸引力,经济运行良好国家的货币比经济危机国家的货币更受欢迎。(4)国际贸易因素。经常账目的赤字与盈余也会对汇率产生影响。经常账目的赤字表示贸易逆差,进口多出口少,该国就必须拿出部分外汇储备或者黄金储备支付进口货款,打破原有的外币与本币之间的平衡状态。由于外币减少,本币相对外币贬值。

(5)市场因素。主要由外汇交易市场根据买卖价格决定的,它是一个自由浮动的汇率,本币与外币升降大都在一个范围内浮动。对外汇市场有影响因素的变化将会导致汇率的波动。

在本章中,我们将用国内生产总值(GDP)、经济增长率(Rate of GDP,缩写 RGDP)、出口额占 GDP 比重(Proportion of Exports to GDP,缩写 PE)、进口额占 GDP 比重(Proportion of Imports to GDP,缩写 PI)、经常账户差额占 GDP 比重(Proportion of Current Account Balance to GDP,缩写 PCAB)、通货膨胀率(Inflation Rate,缩写 IR)共 6 个对汇率有影响的指标来生成特定指数。这 6 个指标(GDP、RGDP、PE、PI、PCAB、IR)的所有数据均来自世界银行(World Bank)网站。由于世界银行网站中百分数均记录为其 100 倍,比如 1.3% 记录为 1.3,因此,RGDP、PE、PI、PCAB 和 IR 在使用前都除以 100。

在新货币汇率指数计算环节,需要用到编制货币汇率指数的所有货币的两两汇率,所有数据均来自英为财情网站。在后文中,我们实际上编制了美元(USD)、欧元(EUR)、人民币(CNY)、日元(JPY)、英镑(GBP)、印度卢比(INR)、加拿大元(CAD)、韩元(KRW)、巴西雷亚尔(BRL)、俄罗斯卢布(RUB)共 10 种货币汇率指数,因此需要它们两两兑换的汇率数据。在新货币汇率指数计算前进行了如下数据预处理:

(1)因为在英为财情网站没有 INR/CAD、KRW/BRL 和 KRW/RUB 数据,这里符号"X/Y"表示货币 X 兑货币 Y 的汇率。我们的处理方式:如果没有"X/Y"数据,就用"Y/X"对应日期数据的倒数进行代替。

(2)因为 JPY/USD、JPY/EUR 和 JPY/CNY 记录的都是

实际汇率的 100 倍,比如 2020 年 7 月 31 日 JPY/USD 为 0.0095885,而英为财情网站记录的是 0.95885,因此,JPY/USD、JPY/EUR 和 JPY/CNY 在使用前都要除以 100。

(3) 因为在英为财情网站中,有时候数据记录方式不统一,比如 JPY/GBP 正常记录的都是实际汇率,但是小部分时间记录的是汇率的 100 倍,如 2018 年 12 月 20 日记录的是 0.7099,而实际汇率是 0.007099。因此,对于这部分数据,在使用前也需要除以 100。

第三节　新货币汇率指数的编制方法

根据第四章的理论,构建货币汇率指数方法非常明确,其中需要确定的变量主要是权重向量,即(4.8)式中的 m_k, $k = 1$, 2, $\cdots$, n。

一、m_k, $k = 1$, 2, $\cdots$, n 的确定

为了全面地反映货币汇率指数价格变化情况,我们构建一个特定指数作为(4.8)式中的 m_k, $k = 1$, 2, $\cdots$, n。 不妨记将构建的特定指数为 $IndexM$,则

$$m_k = IndexM(k), \quad k = 1, 2, \cdots, n$$

且权重向量 $\alpha_k \triangleq \dfrac{IndexM(k)}{\sum\limits_{i=1}^{n} IndexM(i)} \propto IndexM(k)$, $k = 1$, 2, $\cdots$, n。因此,我们构建的特定指数 $IndexM$ 需要充分反映货币的代表性和影响力。

与第二章中为编制一篮子货币汇率指数而构建特定指数

类似,我们用国内生产总值(*GDP*)、经济增长率(*RGDP*)、出口额占 GDP 比重(*PE*)、进口额占 GDP 比重(*PI*)、经常账户差额占 GDP 比重(*PCAB*)、通货膨胀率(*IR*)作为因素生成一个特定指数。构建特定指数为

$$IndexM_t = GDP_t \times \frac{1 + (RGDP_t + PE_t + PI_t + PCAB_t)/4}{1 + IR_t}$$

$$(5.1)$$

利用世界银行网站 2019 年各国的国内生产总值(GDP)、经济增长率(RGDP)、出口额占 GDP 比重(PE)、进口额占 GDP 比重(PI)、经常账户差额占 GDP 比重(PCAB)、通货膨胀率(IR)6 个因素,根据特定指数公式(5.1),我们得到排序前 10 的国家(地区)的特定指数,见表 5－1。

表 5－1　　　基于 2019 年世界银行数据得到的特定指数排序前 10 的国家(地区)①

国家/地区	GDP	RGDP	PE	PI	PCAB	IR	IndexM
美国	2.1428E+13	0.0233	0.1166	0.1858	−0.0233	0.0181	2.2638E+13
欧元区	1.3336E+13	0.0128	0.4580	0.4234	0.0268	0.0145	1.6173E+13
中国	1.4343E+13	0.0611	0.1842	0.1726	0.0099	0.0290	1.5429E+13
日本	5.0818E+12	0.0065	0.1781	0.2002	0.0363	0.0048	5.5901E+12
英国	2.8271E+12	0.0141	0.3154	0.3271	−0.0378	0.0174	3.2087E+12
印度	2.8751E+12	0.0502	0.1866	0.2136	−0.0094	0.0766	2.9651E+12

---

① 在表 5－1 中,基于 2019 年世界银行数据得到的特定指数排序前 10 的国家(地区)本应该包括德国、法国和意大利,而没有韩国、巴西和俄罗斯,但是由于德国、法国和意大利均在欧元区中,因此我们舍弃了德国、法国和意大利,而增补了韩国、巴西和俄罗斯。

国家/地区	GDP	RGDP	PE	PI	PCAB	IR	IndexM
加拿大	1.7364E+12	0.0166	0.3164	0.3333	−0.0197	0.0195	1.9786E+12
韩国	1.6424E+12	0.0203	0.3983	0.3688	0.0365	0.0038	1.9731E+12
巴西	1.8398E+12	0.0114	0.1432	0.1465	−0.0269	0.0373	1.8952E+12
俄罗斯	1.6999E+12	0.0134	0.2831	0.2076	0.0380	0.0447	1.8477E+12

利用表 5-1 中的数据,我们得到 10 种货币 2019 年的特定指数 IndexM,进而计算出这 10 种货币 2020 年的权重 α,见表 5-2。其中

$$\alpha_i = \frac{IndexM(i)}{\sum\limits_j IndexM(j)}, \quad i=1, 2, \cdots$$

比如 $\alpha_{USD} = \dfrac{2.26 \times 10^{13}}{2.26 \times 10^{13} + 1.62 \times 10^{13} + \cdots + 1.85 \times 10^{12}} \approx 30.72\%$

表 5-2　　基于 2019 年世界银行数据得到的 10 种货币权重

货币代码	国家/地区	2019 年 IndexM	2020 年权重 α
USD	美国	2.26E+13	30.72%
EUR	欧元区	1.62E+13	21.94%
CNY	中国	1.54E+13	20.94%
JPY	日本	5.59E+12	7.59%
GBP	英国	3.21E+12	4.35%
INR	印度	2.97E+12	4.02%
CAD	加拿大	1.98E+12	2.68%

货币代码	国家/地区	2019 年 IndexM	2020 年权重 α
KRW	韩国	1.97E+12	2.68%
BRL	巴西	1.90E+12	2.57%
RUB	俄罗斯	1.85E+12	2.51%

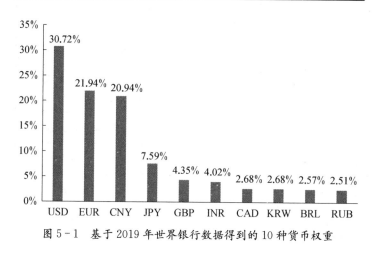

图 5-1　基于 2019 年世界银行数据得到的 10 种货币权重

从图 5-1 可以看出，这 10 种货币权重基本上可以分成四类：第一类，USD 权重最高，为 30.72%；第二类，EUR 和 CNY 权重次之，分别为 21.94% 和 20.94%；第三类，JPY、GBP 和 INR 权重再次之，分别为 7.59%、4.35% 和 4.02%；第四类，CAD、KRW、BRL 和 RUB 权重最低，分别为 2.68%、2.68%、2.57% 和 2.51%。其中，权重最高的三类货币分别是 USD、EUR、CNY、JPY、GBP 和 INR，除 INR 外恰好是特别提款权（SDR）中一篮子货币，并且权重大小次序也一致。

与基于 2019 年世界银行数据得到的特定指数类似，我们利用 2017—2019 年世界银行数据分别得到了 2017—2019 年的特定指数 IndexM，进而生成了 2018—2020 年货币汇率指数的权重 α，见表 5-3。

表 5 - 3　　基于世界银行数据得到的 2018—2020 年货币权重 α

货币代码	2017 年 IndexM	2018 年 权重 α	2018 年 IndexM	2019 年 权重 α	2019 年 IndexM	2020 年 权重 α
USD	2.03717E+13	29.9008%	2.15106E+13	29.6511%	2.26375E+13	30.7166%
EUR	1.53739E+13	22.5652%	1.65676E+13	22.8375%	1.61729E+13	21.9448%
CNY	1.35158E+13	19.8380%	1.51231E+13	20.8463%	1.54293E+13	20.9358%
JPY	5.33975E+12	7.8375%	5.40591E+12	7.4517%	5.59009E+12	7.5851%
GBP	2.99196E+12	4.3915%	3.21677E+12	4.4341%	3.20871E+12	4.3539%
INR	2.88806E+12	4.2390%	2.89211E+12	3.9866%	2.96506E+12	4.0233%
CAD	1.88942E+12	2.7732%	1.95351E+12	2.6928%	1.97857E+12	2.6847%
KRW	1.93108E+12	2.8344%	2.05937E+12	2.8387%	1.97313E+12	2.6773%
BRL	2.11835E+12	3.1092%	1.94847E+12	2.6859%	1.89515E+12	2.5715%
RUB	1.71095E+12	2.5113%	1.86826E+12	2.5753%	1.84768E+12	2.5071%

二、新货币汇率指数计算

根据表 5 - 1 得到了特定指数排序前 10 的国家(地区)分别为美国、欧元区、中国、日本、英国、印度、加拿大、韩国、巴西和俄罗斯,其对应的货币为美元(USD)、欧元(EUR)、人民币(CNY)、日元(JPY)、英镑(GBP)、印度卢比(INR)、加拿大元(CAD)、韩元(KRW)、巴西雷亚尔(BRL)、俄罗斯卢布(RUB)。利用英为财情网站上的数据,经过数据预处理,由性质 4.3 中的(4.8)式计算得到这 10 种货币在 2018 年 3 月 29 日至 2020 年 7 月 30 日的货币汇率指数,见表 5 - 4。

表5-4　特定指数排序前10对应的货币汇率指数

日期	USD 指数	EUR 指数	CNY 指数	JPY 指数	GBP 指数	INR 指数	CAD 指数	KRW 指数	BRL 指数	RUB 指数
2018/03/29	9349.21	11501.20	1486.47	87.85	13106.08	143.59	7256.35	8.79	2828.05	163.20
2018/03/30	9341.65	11511.66	1488.69	87.90	13095.73	143.47	7245.02	8.80	2826.54	163.44
2018/04/02	9347.38	11499.51	1488.29	88.27	13128.95	143.52	7238.71	8.84	2822.92	162.57
2018/04/03	9356.36	11480.51	1487.49	87.76	13153.28	143.94	7305.43	8.87	2800.18	162.48
2018/04/04	9350.09	11479.98	1482.92	87.57	13166.39	143.75	7322.05	8.84	2808.10	162.76
……	……	……	……	……	……	……	……	……	……	……
2020/06/29	9883.33	11110.96	1395.75	91.88	12155.63	130.89	7235.95	8.24	1829.00	141.17
2020/06/30	9876.63	11094.09	1397.88	91.51	12247.96	130.74	7274.99	8.23	1807.16	138.76
2020/07/02	9868.51	11091.35	1396.47	91.80	12303.64	132.02	7275.84	8.23	1841.23	139.84

续 表

日 期	USD 指数	EUR 指数	CNY 指数	JPY 指数	GBP 指数	INR 指数	CAD 指数	KRW 指数	BRL 指数	RUB 指数
2020/07/03	9863.35	11095.64	1395.83	91.74	12314.69	132.15	7281.16	8.22	1855.39	138.17
2020/07/06	9840.48	11128.86	1402.01	91.66	12292.69	131.85	7268.80	8.26	1837.11	137.06
2020/07/07	9851.24	11104.57	1404.51	91.62	12355.82	131.68	7241.40	8.23	1831.32	137.80
2020/07/08	9821.49	11127.57	1402.14	91.56	12386.35	131.05	7268.62	8.23	1837.90	138.04
2020/07/09	9841.76	11105.24	1407.03	91.79	12404.71	130.94	7243.52	8.22	1841.85	138.80
2020/07/10	9833.35	11112.11	1404.40	91.99	12412.15	130.77	7234.20	8.19	1846.99	139.04
2020/07/13	9822.76	11141.28	1403.67	91.55	12333.50	130.59	7217.13	8.16	1817.47	138.35
2020/07/14	9800.64	11170.98	1398.58	91.38	12301.29	129.97	7198.95	8.13	1825.61	138.26
2020/07/15	9792.49	11174.45	1401.10	91.58	12320.87	130.35	7248.65	8.15	1822.98	137.97
2020/07/16	9807.08	11164.40	1403.14	91.43	12307.82	130.45	7225.80	8.14	1839.50	137.00

续表

日　期	USD 指数	EUR 指数	CNY 指数	JPY 指数	GBP 指数	INR 指数	CAD 指数	KRW 指数	BRL 指数	RUB 指数
2020/07/17	9787.38	11184.56	1399.72	91.47	12300.46	130.68	7208.26	8.13	1817.32	136.10
2020/07/20	9771.84	11184.55	1399.22	91.11	12373.38	130.73	7219.70	8.14	1833.78	136.93
2020/07/21	9733.81	11220.22	1394.41	91.15	12392.46	130.59	7232.47	8.15	1882.05	137.64
2020/07/22	9715.99	11240.85	1387.95	90.68	12372.20	130.22	7241.63	8.11	1898.43	136.73
2020/07/23	9703.85	11252.83	1385.46	90.81	12363.83	129.70	7235.74	8.07	1861.84	135.80
2020/07/24	9674.78	11276.91	1378.74	91.15	12376.75	129.41	7212.41	8.05	1848.62	134.90
2020/07/27	9629.59	11316.05	1376.40	91.38	12405.12	128.74	7209.43	8.05	1871.44	134.57
2020/07/28	9639.05	11292.91	1376.86	91.72	12465.12	128.68	7204.58	8.04	1870.37	132.81
2020/07/29	9602.72	11323.72	1371.48	91.53	12479.27	128.13	7197.31	8.07	1857.57	132.29
2020/07/30	9572.63	11340.39	1365.79	91.40	12535.03	127.84	7130.87	8.05	1856.90	130.86

利用表 5-4 数据,生成特定指数排序前 10 对应的货币汇率指数的图像,见图 5-2。从图 5-2 来看,USD 和 JPY 走势大体相近,CNY、GBP、INR、KRW、BRL 走势大体相近,CAD 和 RUB 走势比较像,EUR 与 USD 走势几乎相反。

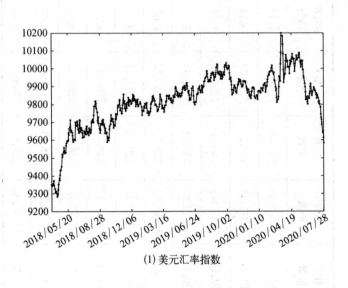

(1) 美元汇率指数

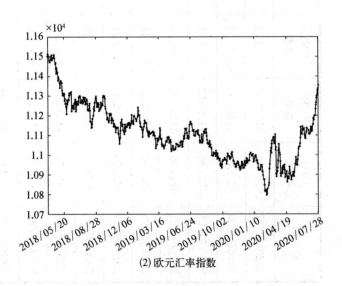

(2) 欧元汇率指数

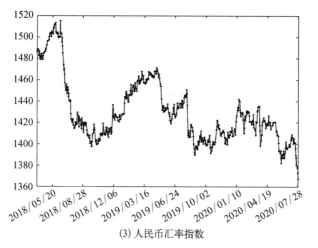

(3) 人民币汇率指数

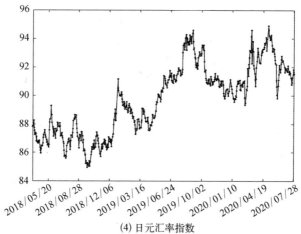

(4) 日元汇率指数

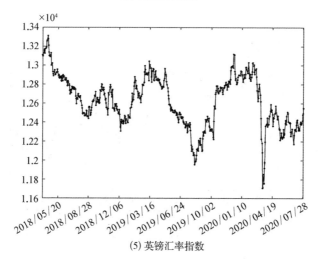

(5) 英镑汇率指数

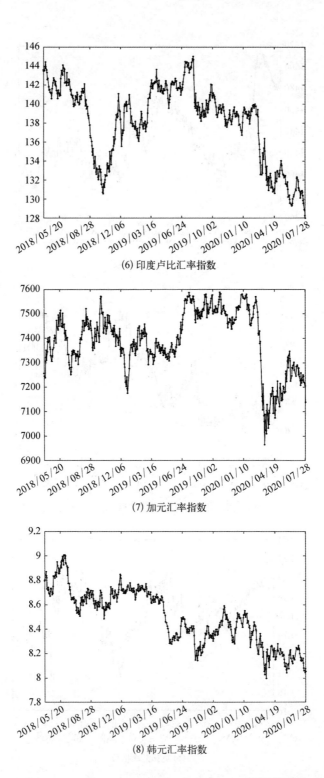

(6) 印度卢比汇率指数

(7) 加元汇率指数

(8) 韩元汇率指数

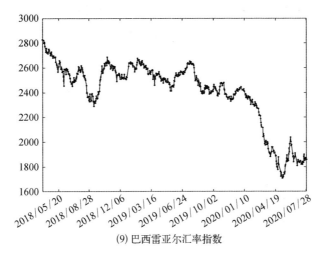

(9) 巴西雷亚尔汇率指数

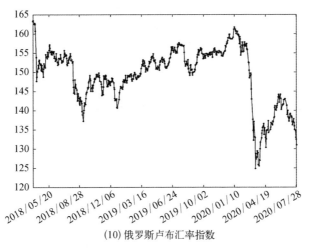

(10) 俄罗斯卢布汇率指数

图 5-2 特定指数排序前 10 对应的货币汇率指数

在表 5-4 计算过程中,货币汇率指数基数发生过两次变化,货币汇率指数基数具体取值情况见表 5-5。

表 5-5 货币汇率指数基数 B 取值情况

时间区间	2018/01/01—2018/12/31	2019/01/01—2019/12/31	2020/01/01—2020/07/30
基数 B	10000	10005	9985

利用表 5-4,计算 2020 年 7 月 30 日相对于 6 月 30 日(最后一个月)各个货币价值变化情况,得到表 5-6。从表 5-6 可以看出,2020 年 6 月 30 日—2020 年 7 月 30 日,EUR 指数、GBP 指数和 BRL 指数均上涨且涨幅都超过了 2%,其余 7 个指数均下降,其中下降幅度最大的是 RUB 指数,下降了 5.7%。另外,USD 指数也下降了 3.08%,降幅较大。

表 5-6 2020 年 6 月 30 日—7 月 30 日各货币指数的变化情况

指数名称	USD 指数	EUR 指数	CNY 指数	JPY 指数	GBP 指数
2020/06/30	9876.63	11094.09	1397.88	91.51	12247.96
2020/07/30	9572.63	11340.39	1365.79	91.40	12535.03
变化比率	−3.08%	2.22%	−2.30%	−0.12%	2.34%
指数名称	INR 指数	CAD 指数	KRW 指数	BRL 指数	RUB 指数
2020/06/30	130.74	7274.99	8.23	1807.16	138.76
2020/07/30	127.84	7130.87	8.05	1856.90	130.86
变化比率	−2.21%	−1.98%	−2.29%	2.75%	−5.70%

三、新货币汇率指数的优势

货币汇率指数反映了该货币在国际外汇市场的汇率变化。因此,理想的货币汇率指数应该可以非常好地反映出两个货币兑换汇率变化情况,即两个货币汇率指数变化之比应该等于或者非常接近其汇率变化率。最好的情况是,两个货币汇率指数之比等于或者非常接近这两种货币兑换的汇率,即基于货币汇率指数计算的汇率拟合值与汇率真实值的相对误差应该非常

小,也就是说,(3.2)定义的 $ERROR_{XY} = \left| \dfrac{\tilde{R}_{XY} - X/Y}{X/Y} \right|$ 应该非

常小,其中 X/Y 表示货币 X 兑换货币 Y 的真实汇率,$\tilde{R}_{XY}$ 表示

货币 X 的汇率指数 $IndexX$ 与货币 Y 的汇率指数 $IndexY$ 比

值,即

$$\tilde{R}_{XY} = \frac{IndexX}{IndexY} \tag{5.2}$$

其表示基于货币 X 汇率指数和货币 Y 汇率指数计算的货币 X

兑换货币 Y 汇率的估计值。

例如:2020 年 7 月 30 日美元(USD)的汇率指数

$IndexUSD = 9572.63$,人民币(CNY)的汇率指数 $IndexCNY = 1365.79$,因此,基于美元(USD)汇率指数和人民币(CNY)

汇率指数计算的美元(USD)兑人民币(CNY)汇率的估计

值为

$$\tilde{R}_{USD,\,CNY} = \frac{IndexUSD}{IndexCNY} = \frac{9572.63}{1365.79} = 7.00885934 \approx 7.0089$$

类似的,我们可以计算出 2020 年 7 月 30 日 USD、EUR、CNY、

JPY、GBP、INR、CAD、KRW、BRL 和 RUB 两两兑换的汇率拟

合值,见表 5-7。

已知 2020 年 7 月 30 日美元(USD)兑人民币(CNY)真实汇

率 $USD/CNY = 7.0088$,因此,在 2020 年 7 月 30 日基于美元汇

率指数和人民币汇率指数计算的美元兑人民币汇率的拟合值

与汇率真实值的相对误差为

$$ERROR_{USD,\,CNY} = \left| \frac{7.00885934 - 7.0088}{7.0088} \right| \approx 8.47 \times 10^{-6}$$

或

表 5 - 7

基于新货币汇率指数计算的 2020 年 7 月 30 日汇率拟合值

拟合值	USD	EUR	CNY	JPY	GBP	INR	CAD	KRW	BRL	RUB
USD	1	0.8441	7.0089	104.7378	0.7637	74.8772	1.3424	1189.7386	5.1552	73.1527
EUR	1.1847	1	8.3032	124.0796	0.9047	88.7046	1.5903	1409.4458	6.1071	86.6617
CNY	0.1427	0.1204	1	14.9436	0.109	10.6832	0.1915	169.7474	0.7355	10.4371
JPY	0.0095	0.0081	0.0669	1	0.0073	0.7149	0.0128	11.3592	0.0492	0.6984
GBP	1.3095	1.1053	9.1779	137.1507	1	98.0491	1.7579	1557.9226	6.7505	95.7909
INR	0.0134	0.0113	0.0936	1.3988	0.0102	1	0.0179	15.8892	0.0688	0.977
CAD	0.7449	0.6288	5.2211	78.0216	0.5689	55.7777	1	886.2638	3.8402	54.4931
KRW	0.0008	0.0007	0.0059	0.088	0.0006	0.0629	0.0011	1	0.0043	0.0615
BRL	0.194	0.1637	1.3596	20.3171	0.1481	14.5247	0.2604	230.7862	1	14.1902
RUB	0.0137	0.0115	0.0958	1.4318	0.0104	1.0236	0.0184	16.2638	0.0705	1

$$ERROR_{USD, CNY} = \left| \frac{7.0089 - 7.0088}{7.0088} \right| \approx 1.43 \times 10^{-5}$$

以此类推,对于 2018 年 3 月 29 日至 2020 年 7 月 30 日的任意时间 t,我们都可以计算出基于美元汇率指数和人民币汇率指数计算的美元兑人民币汇率的拟合值与汇率真实值的相对误差 $ERROR_{USD, CNY}(t)$。类似的,对于任意两种货币 X 和 Y 以及对于 2018 年 3 月 29 日至 2020 年 7 月 30 日的任意时间 t,我们也可以计算出基于货币 X 汇率指数和货币 Y 汇率指数计算的货币 X 兑货币 Y 汇率的拟合值与汇率真实值的相对误差 $ERROR_{XY}(t)$。

对于 USD、EUR、CNY、JPY、GBP、INR、CAD、KRW、BRL 和 RUB,我们分析了基于货币汇率指数拟合真实汇率的相对偏差 $ERROR_{XY}$ 的平均值、标准差以及相对误差 $ERROR_{XY}$ 绝对值的最大值,见表 5 - 8 至表 5 - 10。

从表 5 - 8 至表 5 - 10 可以看出,用新编制的货币汇率指数的比值估计汇率真实值,其相对误差平均值最大为 10^{-4} 数量级,相对误差的标准差最大为 10^{-3} 数量级,相对误差绝对值的最大值为 10^{-2} 数量级。因此估计效果非常好。

第四节　新货币汇率指数的改进

我们在第三节给出了新货币汇率指数的编制方法,并且指出了该方法编制货币汇率指数的优势,即任意两种货币兑换汇率可以用这两种货币汇率指数的比值来近似,而且近似精度非常高(相对误差平均值在 10^{-4} 数量级)。新货币汇率指数可以充分地反映出该货币在汇率市场中的综合价值。

表 5 - 8

货币汇率指数比值拟合真实汇率的相对偏差的平均值

均值	USD	EUR	CNY	JPY	GBP	INR	CAD	KRW	BRL	RUB
USD	—	-1.8E-06	2.1E-06	3.1E-06	3.1E-07	2.7E-06	7.3E-07	4.8E-06	3.4E-06	-2.3E-06
EUR	2.1E-07	—	-1.2E-06	-1.6E-06	-5.6E-07	-2.1E-06	-2.0E-08	-3.2E-06	-7.7E-07	2.8E-06
CNY	1.8E-07	-2.9E-05	—	-2.0E-06	-3.1E-05	-1.3E-06	-2.4E-06	-2.8E-06	7.0E-07	1.4E-05
JPY	-4.7E-06	-5.6E-06	-1.8E-04	—	-9.4E-06	-1.9E-04	-8.9E-05	-3.2E-07	-1.1E-04	-1.5E-04
GBP	8.4E-06	3.6E-06	-9.1E-07	-2.2E-06	—	-5.2E-07	-7.2E-07	-1.6E-06	1.3E-07	1.1E-05
INR	9.2E-04	1.9E-04	3.5E-05	-4.4E-08	6.1E-04	—	3.6E-07	-1.2E-06	1.0E-03	9.3E-04
CAD	-5.4E-06	-1.1E-06	5.4E-08	-2.5E-07	2.4E-06	-3.6E-07	—	-1.0E-06	1.6E-06	1.5E-05
KRW	-1.3E-04	2.4E-05	-1.2E-04	-1.1E-05	-4.3E-06	2.0E-05	-1.1E-04	—	2.2E-06	1.2E-05
BRL	-1.5E-05	1.2E-05	1.6E-06	-1.2E-06	-6.7E-06	-8.7E-06	2.6E-06	-2.2E-06	—	1.5E-05
RUB	-4.0E-05	-2.4E-05	1.5E-05	-1.8E-05	8.5E-05	-1.5E-05	1.6E-05	-1.1E-05	-1.2E-05	—

表 5 - 9　货币汇率指数比值拟合真实汇率的相对误差的标准差

标准差	USD	EUR	CNY	JPY	GBP	INR	CAD	KRW	BRL	RUB
USD	—	6.5E-05	5.6E-05	6.6E-05	7.0E-05	6.6E-05	7.0E-05	9.0E-05	1.0E-04	2.6E-04
EUR	6.3E-05	—	2.5E-05	4.0E-05	4.9E-05	3.0E-05	4.3E-05	5.7E-05	6.7E-05	3.0E-04
CNY	2.7E-04	3.5E-04	—	2.9E-05	4.0E-04	1.7E-05	2.4E-04	5.6E-05	9.7E-05	3.9E-04
JPY	1.3E-04	2.2E-04	9.0E-04	—	1.5E-03	1.1E-03	9.8E-04	5.8E-05	8.8E-04	8.9E-04
GBP	1.2E-04	5.4E-05	4.6E-05	5.4E-05	—	4.0E-05	5.7E-05	6.4E-05	7.6E-05	7.8E-04
INR	2.2E-03	7.9E-04	4.6E-04	4.2E-05	2.3E-03	—	4.1E-05	5.4E-05	2.2E-03	2.2E-03
CAD	8.4E-05	7.4E-05	3.8E-05	6.8E-05	8.4E-05	4.1E-05	—	6.5E-05	7.3E-05	7.8E-05
KRW	9.9E-04	1.1E-03	1.0E-03	3.8E-04	1.6E-03	7.2E-04	1.1E-03	—	8.3E-05	8.0E-04
BRL	1.8E-04	2.2E-04	7.4E-05	7.3E-05	2.4E-04	1.8E-04	1.5E-04	8.3E-05	—	8.2E-04
RUB	1.6E-03	1.8E-03	9.2E-04	7.8E-04	1.4E-03	7.7E-04	1.3E-03	8.0E-04	8.4E-04	—

表 5-10 货币汇率指数比值拟合真实汇率的相对误差绝对值的最大值

最大值	USD	EUR	CNY	JPY	GBP	INR	CAD	KRW	BRL	RUB
USD	—	6.5E-04	6.6E-04	6.3E-04	6.5E-04	9.6E-04	6.1E-04	1.7E-03	6.6E-04	1.6E-03
EUR	6.2E-04	—	8.5E-05	1.7E-04	4.0E-04	3.7E-04	1.7E-04	1.2E-03	5.0E-04	1.8E-03
CNY	1.2E-03	1.3E-03	—	1.8E-04	2.0E-03	3.8E-04	1.5E-03	1.2E-03	5.3E-04	3.3E-03
JPY	2.8E-03	5.2E-03	6.6E-03	—	2.5E-02	9.1E-03	6.8E-03	1.2E-03	6.6E-03	6.1E-03
GBP	8.0E-04	3.3E-04	5.1E-04	3.1E-04	—	3.7E-04	4.2E-04	1.3E-03	5.5E-04	4.1E-03
INR	1.1E-02	7.0E-03	4.6E-03	3.2E-04	2.3E-02	—	4.2E-04	1.2E-03	1.2E-02	1.1E-02
CAD	6.4E-04	2.8E-04	3.3E-04	3.3E-04	3.2E-04	4.2E-04	—	1.3E-03	4.6E-04	4.2E-03
KRW	9.6E-03	9.8E-03	8.9E-03	1.1E-03	2.2E-02	2.2E-03	9.4E-03	—	1.2E-03	4.1E-03
BRL	9.7E-04	1.3E-03	5.1E-04	4.9E-04	1.7E-03	6.3E-04	5.2E-04	1.2E-03	—	4.2E-03
RUB	5.5E-03	5.7E-03	4.6E-03	4.1E-03	2.4E-02	4.0E-03	4.7E-03	4.1E-03	4.5E-03	—

前文提出的新货币汇率指数也存在不足之处。从表 5-4 可以看出，USD 指数、EUR 指数和 GBP 指数都处在 10^4 数量级，CNY 指数和 BRL 指数处于 10^3 数量级，JPY 指数、INR 指数和 RUB 指数都处于 10^2 数量级，而 KRW 指数处于 10^1 数量级。由于不同数量级指数在表示汇率变化情况时的精度不同，因此在第三节中给出的新货币汇率指数的精度各不相同。为了解决各个货币汇率指数精度不同问题，我们给出一种改进方法。该改进方法不仅能解决各个货币汇率指数精度不同问题，还保持了新货币汇率指数的原有优势。

一、新货币汇率指数的改进方法

设货币 C_1，C_2，$\cdots$，C_n 的汇率矩阵为 $R=(R_{ij})_{n \times n}$，对于任意选定的权重 $\alpha=(\alpha_1，\alpha_2，\cdots，\alpha_n)$ 满足 $\sum\limits_{k=1}^{n}\alpha_k=1$，根据性质4.2，则货币 C_1，C_2，$\cdots$，C_n 的算术加权倒数法汇率指数

$$AI_\alpha=B \cdot (\alpha R)^{-1} \qquad (5.3)$$

其中，$AI_\alpha=(AI_\alpha(C_1)，AI_\alpha(C_2)，\cdots，AI_\alpha(C_n))$ 表示权重为 α 的算术加权倒数法汇率指数；$B>0$ 为货币汇率指数的基数；$(\alpha R)^{-1}$ 表示由向量 αR 的每一个元素取倒数得到的新向量，即

$$(\alpha R)^{-1}=\left(\frac{1}{\sum\limits_{i=1}^{n}\alpha_i R_{i1}}，\frac{1}{\sum\limits_{i=1}^{n}\alpha_i R_{i2}}，\cdots，\frac{1}{\sum\limits_{i=1}^{n}\alpha_i R_{in}}\right)$$

由(5.3)知

$$AI_\alpha(C_j)=\frac{B}{\sum\limits_{i=1}^{n}\alpha_i R_{ij}} \qquad (5.4)$$

其中，$AI_\alpha(C_j)$ 表示货币 C_j 的权重为 α 的算术加权倒数法汇率指数，$j=1, 2, \cdots, n$。

假设要使货币 $C_1, C_2, \cdots, C_n$ 的汇率指数的基期值为 I_0，则我们只需要取 $\beta=(\beta_1, \beta_2, \cdots, \beta_n)$ 使得

$$\beta_j \cdot AI_\alpha(C_j)=I_0, \quad j=1, 2, \cdots, n$$

即

$$\beta_j = \frac{I_0}{AI_\alpha(C_j)}, \quad j=1, 2, \cdots, n \tag{5.5}$$

此时，货币 C_j 改进的算术加权倒数法汇率指数为

$$RI_\alpha(C_j)=\beta_j \cdot AI_\alpha(C_j), \quad j=1, 2, \cdots, n \tag{5.6}$$

其中，$AI_\alpha(C_j)$ 为货币 C_j 的算术加权倒数法汇率指数的基期值，β_j 称为货币 C_j 的新货币汇率指数的**改进参数**，$j=1, 2, \cdots, n$，向量

$$\beta \equiv (\beta_1, \beta_2, \cdots, \beta_n)$$

称作货币汇率指数的**改进参数向量**。

新货币汇率指数的改进步骤如下：

（1）对于给定的基数 B，计算算术加权倒数法汇率指数向量 $AI_\alpha = B \cdot (\alpha R)^{-1}$；

（2）对于设定的基期值为 I_0，计算出改进参数向量 $\beta=(\beta_1, \beta_2, \cdots, \beta_n)$，其中 $\beta_j = I_0/AI_\alpha(C_j)$，这里 $AI_\alpha(C_j)$ 是货币 C_j 的算术加权倒数法汇率指数的基期值，$j=1, 2, \cdots, n$；

（3）计算出改进的货币汇率指数 $RI_\alpha(C_j)=\beta_j \cdot AI_\alpha(C_j)$，$j=1, 2, \cdots, n$。

例如：假设本章编制的美元（USD）、欧元（EUR）、人民

币(CNY)、日元(JPY)、英镑(GBP)、印度卢比(INR)、加拿大元(CAD)、韩元(KRW)、巴西雷亚尔(BRL)和俄罗斯卢布(RUB)的汇率指数的基期设定为 2018 年 3 月 29 日①,设货币汇率指数基期值 $I_0 = 1000$。由表 5-4 可知这 10 种货币在基期的货币汇率指数值,进而利用(5.5)可以计算出货币汇率指数改进参数向量,见表 5-11,即货币汇率指数改进参数向量

$$\beta = (0.1069610, 0.0869475, 0.6727342, 11.3834410,$$
$$0.0763005, 6.9645109, 0.1378104, 113.7035521,$$
$$0.3536002, 6.1273909)$$

(5.7)

表 5-11　特定指数排序前 10 对应的货币汇率指数的改进参数

条　　目	USD 指数	EUR 指数	CNY 指数	JPY 指数	GBP 指数
基期值	9349.21	11501.20	1486.47	87.85	13106.08
改进参数	0.1069610	0.0869475	0.6727342	11.3834410	0.0763005
改进后基期值	1000.00	1000.00	1000.00	1000.00	1000.00
条　　目	INR 指数	CAD 指数	KRW 指数	BRL 指数	RUB 指数
基期值	143.59	7256.35	8.79	2828.05	163.20
改进参数	6.9645109	0.1378104	113.7035521	0.3536002	6.1273909
改进后基期值	1000.00	1000.00	1000.00	1000.00	1000.00

利用表 5-4 和表 5-11 得到改进的货币汇率指数及其图形,见表 5-12 和图 5-3。

---

① 我们能获得的最早的完整数据的日期是 2018 年 3 月 29 日。

特定指数排序前10对应货币改进的汇率指数

表5-12

日　　期	USD指数	EUR指数	CNY指数	JPY指数	GBP指数	INR指数	CAD指数	KRW指数	BRL指数	RUB指数
2018/03/29	1000.00	1000.00	1000.00	1000.00	1000.00	1000.00	1000.00	1000.00	1000.00	1000.00
2018/03/30	999.19	1000.91	1001.49	1000.60	999.21	999.20	998.44	1000.59	999.47	1001.46
2018/04/02	999.81	999.85	1001.22	1004.82	1001.74	999.55	997.57	1005.14	998.19	996.13
2018/04/03	1000.77	998.20	1000.69	999.01	1003.60	1002.47	1006.76	1008.55	990.14	995.58
2018/04/04	1000.09	998.15	997.61	996.85	1004.60	1001.15	1009.05	1005.14	992.94	997.29
......	......	......	......	......	......	......	......	......	......	......
2020/06/29	1057.13	966.07	938.97	1045.91	927.48	911.58	997.19	936.92	646.73	865.00
2020/06/30	1056.41	964.60	940.40	1041.70	934.52	910.54	1002.57	935.78	639.01	850.24
2020/07/02	1055.55	964.37	939.45	1045.00	938.77	919.45	1002.69	935.78	651.06	856.85
2020/07/03	1054.99	964.74	939.02	1044.32	939.62	920.36	1003.42	934.64	656.07	846.62

续　表

日　期	USD指数	EUR指数	CNY指数	JPY指数	GBP指数	INR指数	CAD指数	KRW指数	BRL指数	RUB指数
2020/07/06	1052.55	967.63	943.18	1043.41	937.94	918.27	1001.72	939.19	649.60	839.82
2020/07/07	1053.70	965.51	944.86	1042.95	942.76	917.09	997.94	935.78	647.56	844.35
2020/07/08	1050.52	967.51	943.27	1042.27	945.08	912.70	1001.69	935.78	649.88	845.83
2020/07/09	1052.68	965.57	946.56	1044.89	946.49	911.93	998.23	934.64	651.28	850.48
2020/07/10	1051.78	966.17	944.79	1047.16	947.05	910.75	996.95	931.23	653.10	851.95
2020/07/13	1050.65	968.71	944.30	1042.15	941.05	909.50	994.60	927.82	642.66	847.72
2020/07/14	1048.29	971.29	940.87	1040.22	938.59	905.18	992.09	924.41	645.54	847.17
2020/07/15	1047.41	971.59	942.57	1042.50	940.09	907.82	998.94	926.68	644.61	845.40
2020/07/16	1048.98	970.72	943.94	1040.79	939.09	908.52	995.79	925.55	650.45	839.45
2020/07/17	1046.87	972.47	941.64	1041.24	938.53	910.12	993.37	924.41	642.60	833.94

续 表

日 期	USD 指数	EUR 指数	CNY 指数	JPY 指数	GBP 指数	INR 指数	CAD 指数	KRW 指数	BRL 指数	RUB 指数
2020/07/20	1045.21	972.47	941.30	1037.15	944.10	910.47	994.95	925.55	648.42	839.02
2020/07/21	1041.14	975.57	938.07	1037.60	945.55	909.50	996.71	926.68	665.49	843.37
2020/07/22	1039.23	977.36	933.72	1032.25	944.01	906.92	997.97	922.14	671.29	837.80
2020/07/23	1037.93	978.40	932.05	1033.73	943.37	903.30	997.16	917.59	658.35	832.10
2020/07/24	1034.82	980.50	927.53	1037.60	944.35	901.28	993.95	915.31	653.67	826.59
2020/07/27	1029.99	983.90	925.95	1040.22	946.52	896.61	993.53	915.31	661.74	824.56
2020/07/28	1031.00	981.89	926.26	1044.09	951.09	896.19	992.87	914.18	661.36	813.78
2020/07/29	1027.12	984.57	922.64	1041.93	952.17	892.36	991.86	917.59	656.84	810.59
2020/07/30	1023.90	986.02	918.81	1040.45	956.43	890.34	982.71	915.31	656.60	801.83

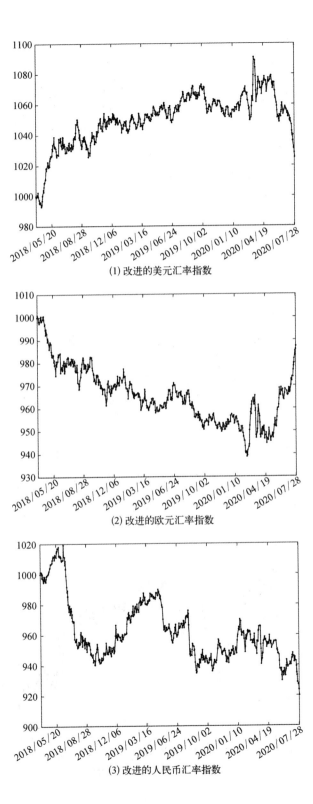

(1) 改进的美元汇率指数

(2) 改进的欧元汇率指数

(3) 改进的人民币汇率指数

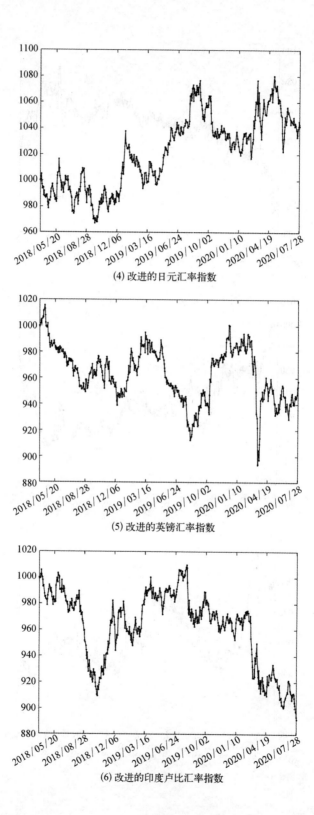

(4) 改进的日元汇率指数

(5) 改进的英镑汇率指数

(6) 改进的印度卢比汇率指数

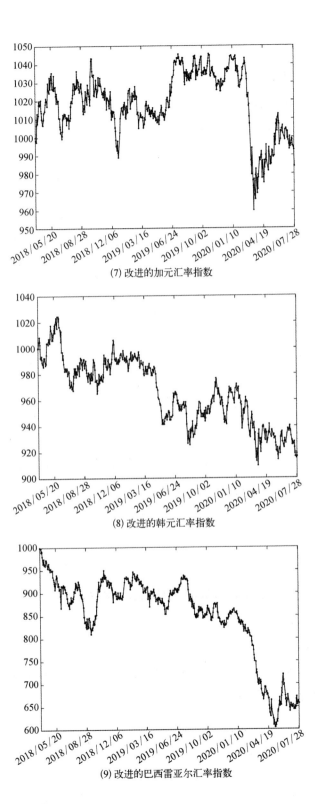

(7) 改进的加元汇率指数

(8) 改进的韩元汇率指数

(9) 改进的巴西雷亚尔汇率指数

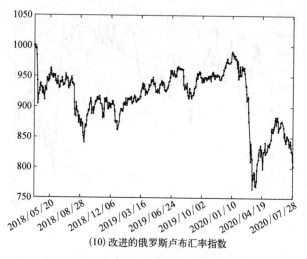

(10)改进的俄罗斯卢布汇率指数

图 5-3 改进的货币汇率指数图

从表 5-12 和图 5-3 可以看出,2018 年 3 月—2020 年 7 月 30 日,USD 和 JPY 改进的汇率指数上涨,其他货币改进的汇率指数均下跌。2020 年 6 月 30 日—7 月 30 日,BRL、GBP 和 EUR 改进的汇率指数上涨,上涨幅度分别为2.75%、2.34%和2.22%,其他货币改进的汇率指数均下跌,其中 RUB 改进的汇率指数下跌 5.69%,USD 改进的汇率指数下跌 3.08%,为下跌幅度最大的两种货币。另外,从图 5-3 还可以看出,BRL 和 RUB 改进的汇率指数变化异常剧烈。

二、基于改进的货币汇率指数的汇率拟合

设货币 C_1,C_2,…,C_n 的货币汇率指数 $AI_a(C_1)$,$AI_a(C_2)$,…,$AI_a(C_n)$,则对货币 C_i 兑货币 C_j 的汇率 R_{ij} 可以采用下面拟合方式

$$\tilde{R}_{ij} = \frac{AI_a(C_i)}{AI_a(C_j)}, \quad i, j = 1, 2, \cdots, n \text{ 且 } i \neq j \quad (5.8)$$

注意到，货币 C_j 改进的汇率指数

$$RI_\alpha(C_j) = \beta_j \cdot AI_\alpha(C_j), \quad j = 1, 2, \cdots, n \quad (5.9)$$

其中，$RI_\alpha(C_j)$ 是货币 C_j 改进的汇率指数。因此，利用改进的货币汇率指数对货币 C_i 兑货币 C_j 的汇率 R_{ij} 拟合，其拟合式为

$$\tilde{R}_{ij} = \frac{\dfrac{RI_\alpha(C_i)}{\beta_i}}{\dfrac{RI_\alpha(C_j)}{\beta_j}}, \quad i, j = 1, 2, \cdots, n \text{ 且 } i \neq j \quad (5.10)$$

根据货币汇率指数改进方法可知，除计算舍入误差外，利用(5.10)拟合汇率值与利用(5.2)拟合汇率值的相对误差应该相同，即**改进的货币汇率指数没有改变新货币汇率指数反映货币在汇率市场中价值的精准度。**

例如：根据表 5-11 和表 5-12 数据，我们可以计算 2020 年 7 月 30 日美元兑 EUR 的汇率(USD/EUR)的拟合值为

$$\tilde{R}_{USD,\ EUR} = \frac{\dfrac{1023.90}{0.1069609}}{\dfrac{918.81}{0.6727347}} = 7.00891205 \approx 7.0089$$

类似的，我们可以计算出 2020 年 7 月 30 日 USD、EUR、CNY、JPY、GBP、INR、CAD、KRW、BRL 和 RUB 两两兑换的汇率拟合值，见表 5-13。

可见，除计算公式不同外，表 5-13 与表 5-7 数值结果无差别①。因此，我们不再分析基于改进的货币汇率指数拟合货币汇率的相对误差的平均值、标准差以及相对误差绝对值的最大值。

---

① 忽略计算中的舍入误差。

基于改进的货币汇率指数计算的 2020 年 7 月 30 日汇率拟合值

拟合值	USD	EUR	CNY	JPY	GBP	INR	CAD	KRW	BRL	RUB
USD	1	0.8441	7.0089	104.7334	0.7637	74.8798	1.3424	1189.1466	5.1552	73.1517
EUR	1.1847	1	8.3032	124.0743	0.9047	88.7077	1.5903	1408.7441	6.1072	86.6605
CNY	0.1427	0.1204	1	14.943	0.109	10.6836	0.1915	169.6634	0.7355	10.437
JPY	0.0095	0.0081	0.0669	1	0.0073	0.715	0.0128	11.354	0.0492	0.6985
GBP	1.3095	1.1053	9.1779	137.1447	1	98.0525	1.7579	1557.1466	6.7505	95.7896
INR	0.0134	0.0113	0.0936	1.3987	0.0102	1	0.0179	15.8807	0.0688	0.9769
CAD	0.7449	0.6288	5.2211	78.0183	0.5689	55.7796	1	885.8224	3.8402	54.4924
KRW	0.0008	0.0007	0.0059	0.0881	0.0006	0.063	0.0011	1	0.0043	0.0615
BRL	0.194	0.1637	1.3596	20.3162	0.1481	14.5252	0.2604	230.6708	1	14.19
RUB	0.0137	0.0115	0.0958	1.4317	0.0104	1.0236	0.0184	16.2559	0.0705	1

表 5 - 13

第五节 货币汇率指数的修正

在前文货币汇率指数计算中没有考虑货币调整问题,即在整个货币汇率指数计算阶段,其包含的货币种类和个数都不发生变化。然而在实践中,可能由于各种各样的原因,在货币汇率指数计算期间会有货币的剔除或者加入,即货币的种类或者数量可能会发生变化,这就涉及货币汇率指数修正问题。本节以具体事例的形式详细介绍货币汇率指数修正的具体实施过程。

一、货币汇率指数修正理论与方法

设货币 C_1,C_2,$\cdots$,C_n 在 t 时刻的汇率矩阵 $R(t) = (R_{ij}(t))_{n \times n}$,新货币汇率指数为 $AI_a(C_1)$,$AI_a(C_2)$,$\cdots$,$AI_a(C_n)$,基数为 B,其中指数计算中的权重 $\alpha = (\alpha_1$,α_2,$\cdots$,$\alpha_n)$ 满足各个元素均大于零,则

$$AI_a(C_j) = B \cdot \frac{\sum_{i=1}^{n} \alpha_i R_{ij}}{\sum_{i=1}^{n} \alpha_i R_{ij}^2}, \quad j = 1, 2, \cdots, n \quad (5.11)$$

改进的货币汇率指数为 $RI_a(C_1)$,$RI_a(C_2)$,$\cdots$,$RI_a(C_n)$,其中改进参数向量为 $\beta = (\beta_1$,β_2,$\cdots$,$\beta_n)$,则

$$RI_a(C_j) = \beta_j \cdot AI_a(C_j), \quad j = 1, 2, \cdots, n \quad (5.12)$$

假若在 t_0 时刻权重向量由 $\alpha = (\alpha_1$,α_2,$\cdots$,$\alpha_n)$ 变成了 $\tilde{\alpha} = (\tilde{\alpha}_1$,$\tilde{\alpha}_2$,$\cdots$,$\tilde{\alpha}_n$,$\tilde{\alpha}_{n+1}$,$\cdots$,$\tilde{\alpha}_{n+m})$,这里 m 表示货币汇率指数体系中货币变化数量,其中 $m > 0$ 表示新加入货币汇率指数计算体系的货币数量,而 $m < 0$ 表示从货币汇率指数计算体系减少的货币数量,则

在 t_0 时刻前该套货币汇率指数的基数 B 需要修正为 $\tilde{B}$，其中

$$\tilde{B} = B \cdot \frac{\displaystyle\sum_{j=1}^{n \wedge (n+m)} \frac{\displaystyle\sum_{k=1}^{n} \alpha_k R_{kj}(t_{0-})}{\displaystyle\sum_{k=1}^{n} \alpha_k R_{kj}^2(t_{0-})}}{\displaystyle\sum_{j=1}^{n \wedge (n+m)} \frac{\displaystyle\sum_{k=1}^{n+m} \tilde{\alpha}_k R_{kj}(t_{0-})}{\displaystyle\sum_{k=1}^{n+m} \tilde{\alpha}_k R_{kj}^2(t_{0-})}} \tag{5.13}$$

进而，从 t_0 时刻开始货币汇率指数为

$$AI_\alpha(C_j) = \tilde{B} \cdot \frac{\displaystyle\sum_{i=1}^{n} \alpha_i R_{ij}}{\displaystyle\sum_{i=1}^{n} \alpha_i R_{ij}^2}, \quad j = 1, 2, \cdots, n+m \tag{5.14}$$

改进的货币汇率指数为

$$RI_\alpha(C_j) = \beta_j \cdot AI_\alpha(C_j), \quad j = 1, 2, \cdots, n+m \tag{5.15}$$

其中

$$\tilde{\beta}_j = \beta_j, \quad j = 1, 2, \cdots, n \wedge (n+m) \tag{5.16}$$

并且当 $m > 0$ 时，

$$\tilde{\beta}_j = I_0/AI_\alpha(C_j), \quad j = n+1, n+2, \cdots, n+m \tag{5.17}$$

二、货币汇率指数的修正示例

假若自 2020 年 1 月 1 日起从 USD、EUR、CNY、JPY、GBP、INR、CAD、KRW、BRL 和 RUB 货币汇率指数体系中剔除巴西雷亚尔（BRL），加入澳元（AUD），即自 2020 年 1 月 1 日起计算 USD、EUR、CNY、JPY、GBP、INR、CAD、KRW、RUB 和 AUD 货币汇率指数。由世界银行数据计算可得共 11 种货币权重，见表 5 - 14。

利用英为财情网站的数据，经过数据预处理，由性质 4.2 中的（4.9）式计算得到这 11 种货币从 2018 年 3 月 29 日至 2020 年 7 月 30 日的货币汇率指数，见表 5 - 15 和图 5 - 4。

表 5 - 14

基于世界银行数据得到的 11 种货币权重①

货币代码	2017 年 IndexM	2018 年权重 α	2018 年 IndexM	2019 年权重 α	2019 年 IndexM	2020 年权重 α
USD	2.03717E+13	29.9008%	2.15106E+13	29.6511%	2.26375E+13	30.8672%
EUR	1.53739E+13	22.5652%	1.65676E+13	22.8375%	1.61729E+13	22.0524%
CNY	1.35158E+13	19.8380%	1.51231E+13	20.8463%	1.54293E+13	21.0385%
JPY	5.33975E+12	7.8375%	5.40591E+12	7.4517%	5.59009E+12	7.6223%
GBP	2.99196E+12	4.3915%	3.21677E+12	4.4341%	3.20871E+12	4.3752%
INR	2.88806E+12	4.2390%	2.89211E+12	3.9866%	2.96506E+12	4.0430%
CAD	1.88942E+12	2.7732%	1.95351E+12	2.6928%	1.97857E+12	2.6979%
KRW	1.93108E+12	2.8344%	2.05937E+12	2.8387%	1.97313E+12	2.6905%
BRL	2.11835E+12	3.1092%	1.94847E+12	2.6859%	—	—
RUB	1.71095E+12	2.5113%	1.86826E+12	2.5753%	1.84768E+12	2.5194%
AUD	—	—	—	—	1.5354E+12	2.0936%

① 表 5 - 14 中，"—"表示该种货币不参与计算。

表 5 - 15

11 种货币对应的货币汇率指数

日　　期	USD指数	EUR指数	CNY指数	JPY指数	GBP指数	INR指数	CAD指数	KRW指数	BRL指数	RUB指数	AUD指数
2018/03/29	9349.20	11501.20	1486.47	87.85	13106.08	143.59	7256.35	8.79	2828.05	163.20	—
2018/03/30	9341.65	11511.66	1488.69	87.90	13095.73	143.47	7245.01	8.80	2826.54	163.44	—
2018/04/02	9347.38	11499.51	1488.29	88.27	13128.94	143.52	7238.71	8.84	2822.92	162.57	—
2018/04/03	9356.36	11480.50	1487.49	87.76	13153.28	143.94	7305.43	8.87	2800.18	162.48	—
2018/04/04	9350.09	11479.97	1482.92	87.57	13166.39	143.75	7322.04	8.84	2808.10	162.76	—
……	……	……	……	……	……	……	……	……	……	……	……
2019/12/30	9833.17	11011.99	1407.42	90.32	12896.11	137.88	7526.01	8.49	2446.38	158.62	—
2020/01/03	9851.34	10995.19	1414.20	91.13	12892.41	137.25	7577.03	8.45	—	158.65	6843.26
……	……	……	……	……	……	……	……	……	……	……	……
2020/06/29	9897.01	11126.36	1397.68	92.01	12172.45	131.07	7245.97	8.25	—	141.37	6794.23

续表

日　期	USD指数	EUR指数	CNY指数	JPY指数	GBP指数	INR指数	CAD指数	KRW指数	BRL指数	RUB指数	AUD指数
2020/06/30	9890.45	11109.65	1399.84	91.64	12265.15	130.92	7285.20	8.25	—	138.96	6827.49
2020/07/02	9881.35	11105.81	1398.29	91.92	12319.69	132.20	7285.32	8.24	—	140.02	6840.88
2020/07/03	9875.68	11109.52	1397.58	91.86	12330.07	132.32	7290.25	8.23	—	138.34	6855.82
2020/07/06	9853.03	11143.05	1403.81	91.77	12308.35	132.02	7278.07	8.27	—	137.24	6869.61
2020/07/07	9864.17	11119.15	1406.35	91.74	12372.04	131.86	7250.92	8.24	—	137.98	6852.50
2020/07/08	9834.07	11141.80	1403.93	91.68	12402.19	131.21	7277.93	8.24	—	138.22	6867.09
2020/07/09	9854.29	11119.43	1408.83	91.91	12420.52	131.11	7252.75	8.23	—	138.97	6861.89
2020/07/10	9846.00	11126.37	1406.20	92.10	12428.11	130.94	7243.51	8.20	—	139.22	6842.67
2020/07/13	9836.31	11156.63	1405.61	91.68	12350.49	130.77	7227.06	8.17	—	138.54	6827.01
2020/07/14	9813.73	11185.89	1400.45	91.51	12317.74	130.14	7208.57	8.14	—	138.44	6845.06
2020/07/15	9805.32	11189.12	1402.94	91.70	12337.01	130.52	7258.16	8.16	—	138.15	6871.46

续 表

日 期	USD指数	EUR指数	CNY指数	JPY指数	GBP指数	INR指数	CAD指数	KRW指数	BRL指数	RUB指数	AUD指数
2020/07/16	9819.84	11178.96	1404.97	91.54	12323.81	130.62	7235.20	8.15	—	137.18	6845.41
2020/07/17	9800.50	11199.57	1401.60	91.59	12316.98	130.85	7217.94	8.14	—	136.28	6857.98
2020/07/20	9784.52	11199.06	1401.03	91.23	12389.40	130.90	7229.06	8.15	—	137.11	6862.86
2020/07/21	9744.28	11232.30	1395.91	91.25	12405.81	130.73	7240.26	8.16	—	137.79	6944.41
2020/07/22	9726.09	11252.51	1389.39	90.77	12385.05	130.36	7249.14	8.12	—	136.87	6944.69
2020/07/23	9715.37	11266.18	1387.11	90.91	12378.52	129.86	7244.33	8.08	—	135.97	6896.10
2020/07/24	9686.76	11290.89	1380.45	91.27	12392.07	129.57	7221.34	8.06	—	135.07	6881.66
2020/07/27	9640.86	11329.28	1378.00	91.49	12419.59	128.89	7217.86	8.06	—	134.73	6893.32
2020/07/28	9650.19	11305.96	1378.45	91.83	12479.53	128.83	7212.89	8.04	—	132.97	6907.71
2020/07/29	9614.08	11337.13	1373.10	91.63	12494.05	128.28	7205.83	8.08	—	132.45	6910.65
2020/07/30	9584.15	11354.07	1367.43	91.51	12550.14	128.00	7139.46	8.06	—	131.02	6894.61

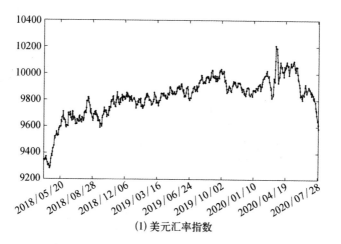

(1) 美元汇率指数

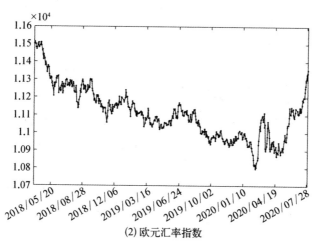

(2) 欧元汇率指数

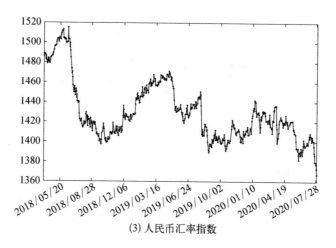

(3) 人民币汇率指数

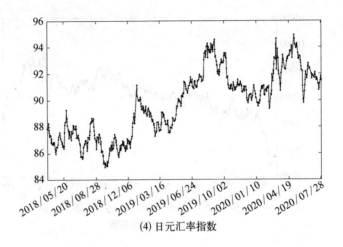

(4) 日元汇率指数

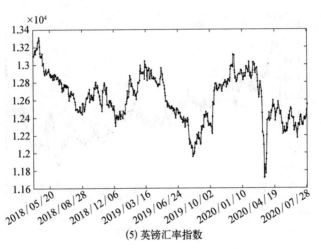

(5) 英镑汇率指数

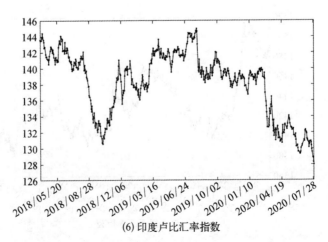

(6) 印度卢比汇率指数

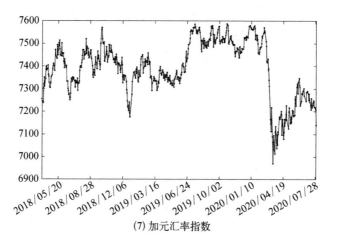

(7) 加元汇率指数

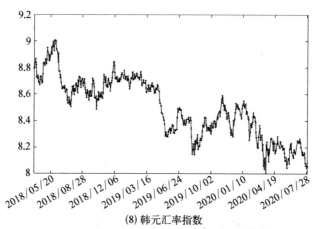

(8) 韩元汇率指数

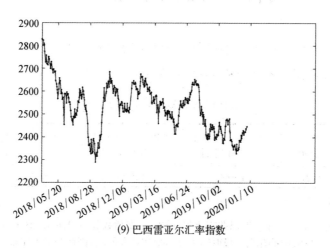

(9) 巴西雷亚尔汇率指数

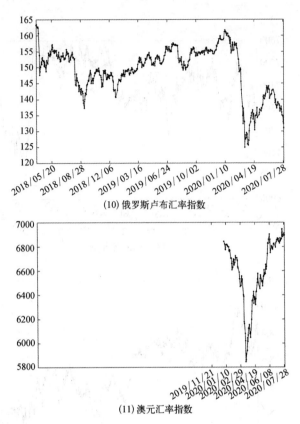

(10) 俄罗斯卢布汇率指数

(11) 澳元汇率指数

图 5-4　特定指数排序前 10 对应的货币汇率指数①

三、货币汇率指数修正时基数计算

在表 5-15 计算过程中,货币汇率指数基数发生过两次变化,货币汇率指数基数具体取值情况见表 5-16。

表 5-16　　　　　　货币汇率指数基数 B 取值情况

时间区间	2018 年 1 月 1 日—12 月 31 日	2019 年 1 月 1 日—12 月 31 日	2020 年 1 月 1 日—7 月 30 日
基数 B	10000	10005	9988.5

---

① 图 5-4 中,(9)巴西雷亚尔(BRL)汇率指数和(11)澳元(AUD)汇率指数中都存在一段时间不参与指数计算问题,因此图形不完整。

下面以 2020 年 1 月 3 日至 7 月 30 日的汇率指数基数 $B=$ 9988.5 为例说明汇率指数的计算方法。

1. 确定汇率指数基数计算时需要用到的货币

因为在 2019 年参与汇率指数计算的货币为 USD、EUR、CNY、JPY、GBP、INR、CAD、KRW、BRL 和 RUB,而 2020 年参与汇率指数计算的货币为 USD、EUR、CNY、JPY、GBP、INR、CAD、KRW、RUB 和 AUD,在更新货币汇率指数时刻前后都参与汇率指数计算的货币交集为 USD、EUR、CNY、JPY、GBP、INR、CAD、KRW 和 RUB,它们就是要参与 2020 年货币汇率指数基数计算的全体货币。

2. 确定参与更新货币汇率指数基数计算的所有货币在更新时刻前后的权重

根据表 5-14 知参与 2020 年货币汇率指数基数计算货币 USD、EUR、CNY、JPY、GBP、INR、CAD、KRW 和 RUB 的权重,见表 5-17。

表 5-17　　参与 2020 年汇率指数基数计算的货币及其权重

货　　币	USD	EUR	CNY	JPY	GBP
2019 年权重	29.6511%	22.8375%	20.8463%	7.4517%	4.4341%
2020 年权重	30.8672%	22.0524%	21.0385%	7.6223%	4.3752%
货　　币	INR	CAD	KRW	RUB	
2019 年权重	3.9866%	2.6928%	2.8387%	2.5753%	
2020 年权重	4.0430%	2.6979%	2.6905%	2.5194%	

3. 获得参与更新货币汇率指数基数计算的所有货币在更新时刻汇率矩阵

根据表 5-14 知参与 2020 年货币汇率指数基数计算货币 USD、EUR、CNY、JPY、GBP、INR、CAD、KRW 和 RUB 的权重,见表 5-18。其中,因为没有 INR/CAD 汇率表和 KRW/RUB 汇率表,在表 5-18 中,INR/CAD=0.018115 是 CAD/INR 的倒数,KRW/RUB=0.053248 是 RUB/KRW 的倒数。

参与 2020 年汇率指数基数计算的货币在 2020 年 1 月 3 日的汇率矩阵

表 5 - 18

汇率	USD	EUR	CNY	JPY	GBP	INR	CAD	KRW	RUB
USD	1	0.8959	6.9655	108.09	0.7641	71.77	1.3001	1165.95	62.0922
EUR	1.116	1	7.7749	120.66	0.8528	80.1095	1.4511	1301.43	69.3056
CNY	0.1436	0.1286	1	15.5186	0.1097	10.3036	0.1867	167.39	8.9142
JPY	0.009251	0.008288	0.06442	1	0.00707	0.664	0.01203	10.7864	0.5745
GBP	1.3088	1.1725	9.1161	141.47	1	93.929	1.7015	1525.93	81.254
INR	0.01393	0.01249	0.097	1.5061	0.01065	1	0.018115	16.2457	0.8652
CAD	0.7692	0.6891	5.3577	83.14	0.5877	55.203	1	896.82	47.75
KRW	0.000858	0.000769	0.005974	0.0927	0.000656	0.0616	0.001115	1	0.053248
RUB	0.0161	0.0144	0.1122	1.741	0.01231	1.156	0.0209	18.78	1

4. 计算 2020 年汇率指数基数 B_1

根据表 5 - 16 知 2019 年汇率指数基数 $B_0 = 10005$，利用表 5 - 17 和 5.18 数据计算得：

$$\sum_{k=1}^{n} \alpha_k R_{k1}(t_{0-}) = 29.6511\% \times 1 + 22.8375\% \times 1.116 + 20.8463\%$$
$$\times 0.1436 + 7.4517\% \times 0.009251 + 4.4341\%$$
$$\times 1.3088 + 3.9866\% \times 0.01393 + 2.6928\%$$
$$\times 0.7692 + 2.8387\% \times 0.000858$$
$$+ 2.5753\% \times 0.0161$$
$$= 0.668348$$

$$\sum_{k=1}^{n} \alpha_k R_{k1}^2(t_{0-}) = 29.6511\% \times 1^2 + 22.8375\% \times 1.116^2 + 20.8463\%$$
$$\times 0.1436^2 + 7.4517\% \times 0.009251^2 + 4.4341\%$$
$$\times 1.3088^2 + 3.9866\% \times 0.01393^2 + 2.6928\%$$
$$\times 0.7692^2 + 2.8387\% \times 0.000858^2$$
$$+ 2.5753\% \times 0.0161^2$$
$$= 0.678772$$

因此，

$$\frac{\sum_{k=1}^{n} \alpha_k R_{k1}(t_{0-})}{\sum_{k=1}^{n} \alpha_k R_{k1}^2(t_{0-})} = \frac{0.668348}{0.678772} \approx 0.98464$$

类似的，利用表 5 - 17 和 5 - 18 数据可以计算得到表 5 - 19。

表 5 - 19　参与 2020 年汇率指数基数计算的货币及其权重

货　　币	USD	EUR	CNY	JPY	GBP
$\dfrac{\sum_{k=1}^{n} \alpha_k R_{k\cdot}(t_{0-})}{\sum_{k=1}^{n} \alpha_k R_{k\cdot}^2(t_{0-})}$	0.98464	1.09896	0.14135	0.00911	1.28859

货　　币	USD	EUR	CNY	JPY	GBP
$\dfrac{\sum\limits_{k=1}^{n+m}\widetilde{\alpha}_k R_{k.}(t_{0-})}{\sum\limits_{k=1}^{n+m}\widetilde{\alpha}_k R_{k.}^2(t_{0-})}$	0.98627	1.10079	0.14158	0.00912	1.29073

货　　币	INR	CAD	KRW	RUB
$\dfrac{\sum\limits_{k=1}^{n}\alpha_k R_{k.}(t_{0-})}{\sum\limits_{k=1}^{n}\alpha_k R_{k.}^2(t_{0-})}$	0.01372	0.75732	0.00084	0.01586
$\dfrac{\sum\limits_{k=1}^{n+m}\widetilde{\alpha}_k R_{k.}(t_{0-})}{\sum\limits_{k=1}^{n+m}\widetilde{\alpha}_k R_{k.}^2(t_{0-})}$	0.01374	0.75858	0.00085	0.01588

由(5.13)得：

$$B_1 = 10005 \times \frac{\begin{array}{l}0.98464+1.09896+0.14135+0.00911+1.28859\\+0.01372+0.75732+0.00084+0.01586\end{array}}{\begin{array}{l}0.98627+1.10079+0.14158+0.00912+1.29073\\+0.01374+0.75858+0.00085+0.01588\end{array}}$$

$$= 9988.43136$$

$$\approx 9988.4$$

上式中 $B_1 \approx 9988.4$ 与表 5-16 中的 9988.5 有细微差异，这是因为上式中的计算是利用 Excel 完成的，而表 5-16 是通过 matlab 程序计算得到的，Excel 与 matlab 在计算时舍入误差不同。

四、货币汇率指数修正时改进参数的计算

对于改进的货币汇率指数计算，如果没有货币新加入的

话,则改进参数向量保持不变;如果某个货币被剔除,则其改进参数从改进参数向量中删除即可。如果某种货币新加入货币汇率指数计算,则我们需要计算其改进参数并加入到改进参数向量之中。

设货币 C_1, C_2, $\cdots$, C_n 汇率指数基期值为 I_0,在新货币 C_{n+1} 加入货币汇率指数计算体系前的改进参数向量 $\beta = (\beta_1, \beta_2, \cdots, \beta_n)$,基数为 B。在新货币 C_{n+1} 纳入货币汇率指数计算体系后,记货币 C_1, C_2, $\cdots$, C_n, C_{n+1} 对应权重 $\tilde{\alpha} = (\tilde{\alpha}_1, \tilde{\alpha}_2, \cdots, \tilde{\alpha}_n, \tilde{\alpha}_{n+1})$。在新货币 C_{n+1} 纳入货币汇率指数计算体系时刻,记货币 C_1, C_2, $\cdots$, C_n, C_{n+1} 对应的汇率矩阵为 R 且修正后的基数为 $\tilde{B}$,则货币 C_1, C_2, $\cdots$, C_n, C_{n+1} 对应的汇率指数向量为

$$AI_{\tilde{\alpha}} = (AI_{\tilde{\alpha}}(C_1), AI_{\tilde{\alpha}}(C_2), \cdots, AI_{\tilde{\alpha}}(C_n), AI_{\tilde{\alpha}}(C_{n+1}))$$
$$= \tilde{B} \cdot (\tilde{\alpha} \tilde{R})^{-1}$$

进而,货币 C_{n+1} 对应的改进参数

$$\beta_{n+1} = \frac{I_0}{RI_{\tilde{\alpha}}(C_{n+1})} \tag{5.18}$$

此时,改进参数向量为 $\tilde{\beta} = (\beta_1, \beta_2, \cdots, \beta_n, \beta_{n+1})$,并且在货币 C_{n+1} 纳入汇率指数计算的当天其汇率指数恰好等于 I_0。

例如:根据表 5-15,在 2020 年 1 月 3 日澳元(AUD)加入货币汇率指数计算体系首日 $RI_{\tilde{\alpha}}(AUD) = 6843.26$,且已知基期值 $I_0 = 1000$,因此根据(5.18)得:

$$\beta_{AUD} = \frac{1000}{6843.26} = 0.14612918$$

因此,自 2020 年 1 月 3 日起,USD、EUR、CNY、JPY、GNP、

INR、CAD、KRW、RUB 和 AUD 的货币汇率指数改进参数向量为

$$\tilde{\beta} = (0.1069610, 0.0869475, 0.6727342, 11.3834410,$$
$$0.0763005, 6.9645109, 0.1378104, 113.7035521,$$
$$6.1273909, 0.14612918) \tag{5.19}$$

下面表 5-20 给出了 2020 年货币指数与其改进参数的对应关系。

表 5-20　2020 年 1 月 3 日起货币汇率指数的改进参数

条目	USD 指数	EUR 指数	CNY 指数	JPY 指数	GBP 指数
改进参数	0.1069610	0.0869475	0.6727342	11.3834410	0.0763005

条目	INR 指数	CAD 指数	KRW 指数	RUB 指数	AUD 指数
改进参数	6.9645109	0.1378104	113.7035521	6.1273909	0.14612918

利用表 5-15 和表 5-20 得到改进的货币汇率指数及其图形,见表 5-21 和图 5-5。

从表 5-21 和图 5-5 可以看出,2018 年 3 月—2020 年 7 月 30 日,USD 和 JPY 改进的汇率指数上涨,EUR、CNY、GBP、INR、CAD、KRW、RUB 改进的汇率指数均下跌。2020 年 6 月 30 日—7 月 30 日,GBP、EUR 和 AUD 改进的汇率指数上涨,上涨幅度分别为 2.32%、2.20% 和 0.98%;RUB、USD、CNY、KRW、INR、CAD、JPY 货币改进的汇率指数均下跌,其中 RUB 改进的汇率指数下跌 5.72%,USD 改进的汇率指数下跌 3.10%,为下跌幅度最大的两种货币。另外,从图 5-5 还可以看出,BRL 和 RUB 改进的汇率指数变化异常剧烈。

表 5 - 21

11种货币对应的改进货币汇率指数

日　　期	USD 指数	EUR 指数	CNY 指数	JPY 指数	GBP 指数	INR 指数	CAD 指数	KRW 指数	BRL 指数	RUB 指数	AUD 指数
2018/03/29	1000.00	1000.00	1000.00	1000.00	1000.00	1000.00	1000.00	1000.00	1000.00	1000.00	—
2018/03/30	999.19	1000.91	1001.49	1000.62	999.21	999.19	998.44	1000.91	999.46	1001.49	—
2018/04/02	999.80	999.85	1001.22	1004.82	1001.75	999.52	997.57	1005.34	998.18	996.11	—
2018/04/03	1000.77	998.20	1000.69	999.05	1003.60	1002.48	1006.76	1008.43	990.14	995.57	—
2018/04/04	1000.09	998.16	997.61	996.80	1004.60	1001.14	1009.05	1004.59	992.95	997.28	—
……	……	……	……	……	……	……	……	……	……	……	……
2019/12/30	1051.77	957.46	946.82	1028.10	983.98	960.23	1037.16	965.55	865.04	971.93	—
2020/01/03	1053.71	956.00	951.38	1037.37	983.70	955.90	1044.19	960.64	—	972.11	1000.00
……	……	……	……	……	……	……	……	……	……	……	……
2020/06/29	1058.59	967.41	940.27	1047.35	928.76	912.84	998.57	938.04	—	866.21	992.84

续　表

日　期	USD 指数	EUR 指数	CNY 指数	JPY 指数	GBP 指数	INR 指数	CAD 指数	KRW 指数	BRL 指数	RUB 指数	AUD 指数
2020/06/30	1057.89	965.96	941.72	1043.15	935.84	911.81	1003.98	937.60	—	851.46	997.69
2020/07/02	1056.92	965.62	940.68	1046.40	940.00	920.68	1003.99	936.91	—	857.97	999.65
2020/07/03	1056.31	965.94	940.20	1045.66	940.79	921.53	1004.67	936.20	—	847.69	1001.84
2020/07/06	1053.89	968.86	944.39	1044.70	939.13	919.43	1002.99	939.84	—	840.92	1003.85
2020/07/07	1055.08	966.78	946.10	1044.37	943.99	918.31	999.25	937.12	—	845.47	1001.35
2020/07/08	1051.86	968.75	944.47	1043.65	946.29	913.84	1002.98	937.37	—	846.91	1003.48
2020/07/09	1054.02	966.81	947.77	1046.23	947.69	913.12	999.50	935.93	—	851.55	1002.72
2020/07/10	1053.14	967.41	946.00	1048.45	948.27	911.93	998.23	932.46	—	853.04	999.91
2020/07/13	1052.10	970.04	945.60	1043.60	942.35	910.77	995.96	928.96	—	848.89	997.62
2020/07/14	1049.69	972.59	942.13	1041.65	939.85	906.39	993.42	926.01	—	848.30	1000.26
2020/07/15	1048.79	972.87	943.81	1043.84	941.32	908.99	1000.25	928.29	—	846.49	1004.12

续 表

日　　期	USD 指数	EUR 指数	CNY 指数	JPY 指数	GBP 指数	INR 指数	CAD 指数	KRW 指数	BRL 指数	RUB 指数	AUD 指数
2020/07/16	1050.34	971.98	945.17	1042.09	940.31	909.68	997.09	926.41	—	840.53	1000.31
2020/07/17	1048.27	973.77	942.91	1042.60	939.79	911.33	994.71	925.59	—	835.07	1002.15
2020/07/20	1046.56	973.73	942.52	1038.50	945.32	911.63	996.24	926.32	—	840.10	1002.86
2020/07/21	1042.26	976.62	939.08	1038.73	946.57	910.47	997.78	927.93	—	844.29	1014.78
2020/07/22	1040.31	978.38	934.69	1033.28	944.99	907.88	999.01	923.58	—	838.68	1014.82
2020/07/23	1039.17	979.57	933.15	1034.92	944.49	904.40	998.34	919.07	—	833.11	1007.72
2020/07/24	1036.11	981.71	928.67	1038.91	945.52	902.38	995.18	916.62	—	827.60	1005.61
2020/07/27	1031.20	985.05	927.03	1041.49	947.62	897.66	994.70	916.52	—	825.53	1007.31
2020/07/28	1032.19	983.03	927.33	1045.29	952.19	897.22	994.01	914.73	—	814.74	1009.42
2020/07/29	1028.33	985.74	923.73	1043.11	953.30	893.39	993.04	918.59	—	811.58	1009.85
2020/07/30	1025.13	987.21	919.92	1041.65	957.58	891.45	983.89	915.96	—	802.79	1007.50

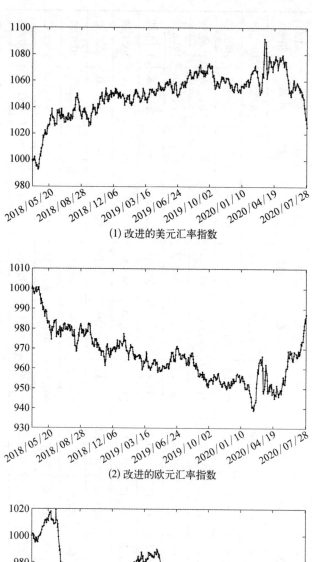

(1) 改进的美元汇率指数

(2) 改进的欧元汇率指数

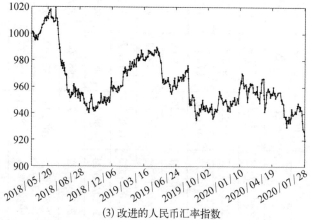

(3) 改进的人民币汇率指数

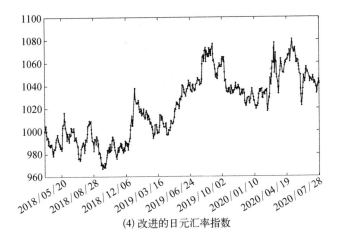

(4) 改进的日元汇率指数

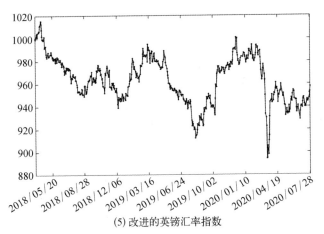

(5) 改进的英镑汇率指数

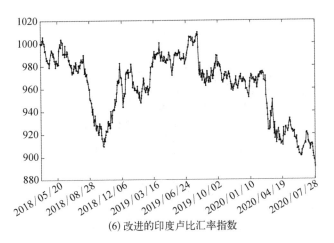

(6) 改进的印度卢比汇率指数

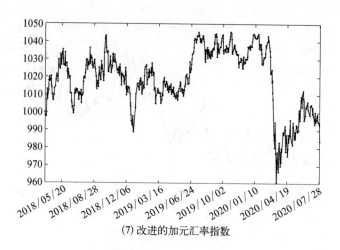

(7) 改进的加元汇率指数

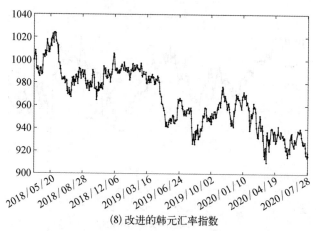

(8) 改进的韩元汇率指数

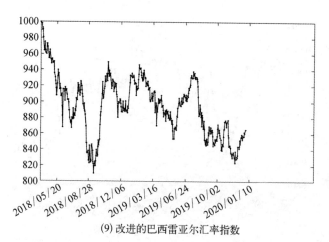

(9) 改进的巴西雷亚尔汇率指数

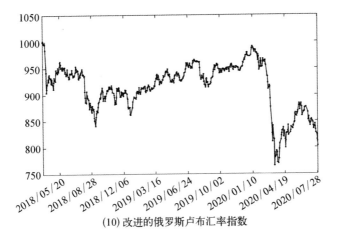

(10) 改进的俄罗斯卢布汇率指数

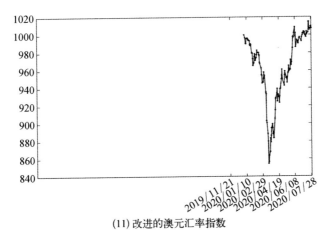

(11) 改进的澳元汇率指数

图 5-5 11 种改进的货币汇率指数图

第六章

货币汇率指数追踪

　　我们知道,货币汇率指数可以作为金融衍生产品的标的资产。一旦货币汇率指数作为某个金融衍生产品的标的资产,由于其计算过程需要用到很多其他的汇率,比如第五章一种货币的汇率指数需要用到 10 种货币的两两汇率矩阵进行计算,即一个货币的汇率指数需要由这种货币兑另外 9 种货币的汇率向量计算得到。当货币汇率指数体系包含很多种货币时,一种货币的汇率指数需要参与计算的货币种类也很多,从而在实际对冲中存在诸多困难。

　　为了解决一种货币汇率指数的计算需要用到包含很多种货币的汇率矩阵,从而导致对冲困难的问题,我们往往采用指数追踪技术。

　　指数追踪(Index Tracking),是指利用一个产品组合复制某一现实指数或者虚拟指数的市场表现,来获取与被复制指数相近的变化率,试图最小化跟踪误差。**货币汇率指数追踪**,是指利用外汇市场的一个产品组合复制某一现实货币汇率指数的市场表现,来获取与被复制汇率指数相近的变化率,力图最小化跟踪误差。

　　货币汇率指数追踪的目的主要有两个:一是认可某个货币汇率指数收益表现,希望通过追踪货币汇率指数获得与货币汇率指数近似的收益;二是交易以货币汇率指数为标的衍生产品,通过反向交易追踪货币汇率指数的投资组合实现风险对冲目的。

货币汇率指数追踪技术有很多，比如基于优化方法的货币汇率指数追踪技术、基于协整关系的货币汇率指数追踪技术、基于 LASSO 类方法的货币汇率指数追踪技术等。这里我们逐一介绍这三种货币汇率指数追踪技术。

第一节　基于优化方法的货币汇率指数追踪技术

货币汇率指数追踪试图最小化跟踪误差，一般采用优化方法，最为常见的是 TEV(追踪误差方差)最小化模型。我们先引入追踪偏差概念。所谓**追踪偏差**(Tracking Difference)，指追踪组合的收益率与标的指数收益率之差。追踪偏差揭示了追踪组合收益率围绕标的指数收益率的波动特征。追踪偏差越大，说明其偏离标的指数越大，追踪风险越高；追踪偏差越小，说明其偏离标的指数越小，追踪风险越低。

用 $RI(t)$ 表示在 t 时刻标的汇率指数 I 的收益率，$RI^{\alpha}(X_1, X_2, \cdots, X_n)(t)$ 表示由 n 种货币汇率产品 $X_1, X_2, \cdots, X_n$ 按照 α 比例进行资产配置构成的投资组合在 t 时刻的收益率，$t = 1, 2, \cdots, T$，则基于优化方法的指数追踪技术的追踪组合为

$$(X_1^*, X_2^*, \cdots, X_n^*; \alpha^*) = \underset{(X_1, X_2, \cdots, X_n; \alpha)}{\mathrm{argmin}} \sum_{t=1}^{T} \Big[TD^{\alpha}_{(X_1, X_2, \cdots, X_n)}(t) - \overline{TD}^{\alpha}_{(X_1, X_2, \cdots, X_n)}(t) \Big]^2$$

其中

$$TD^{\alpha}_{(X_1, X_2, \cdots, X_n)}(t) = RI(t) - RI^{\alpha}_{(X_1, X_2, \cdots, X_n)}(t)$$

$$\overline{TD}^{\alpha}_{(X_1, X_2, \cdots, X_n)}(t) = \frac{1}{T} \sum_{t=1}^{T} TD^{\alpha}_{(X_1, X_2, \cdots, X_n)}(t)$$

基于优化方法的指数追踪技术在实施过程中要求

$$\{TD^a_{(X_1, X_2, \cdots, X_n)}(t) - \overline{TD^a_{(X_1, X_2, \cdots, X_n)}}(t), \ t = 1, 2, \cdots\}$$

为平稳序列,因此在实践中只能使用汇率变化率序列来对货币汇率指数的变化率作优化,然而汇率变化率序列是汇率序列的差分序列,会损失掉部分信息。

例如,我们希望用 USD、EUR、CNY、JPY、GBP、INR、CAD、KRW 和 RUB 两两兑换汇率中的部分数据追踪 USD 汇率指数 $IndexUSD$。采用多种汇率的线性回归方式进行 USD 汇率指数追踪,则追踪模型形式上为

$$I^a_{(X_1, X_2, \cdots, X_n)}(t) = \sum_{k=1}^{n} \alpha_k R_k.(t) \tag{6.1}$$

其中,$R_k.(t)$ 为 USD、EUR、CNY、JPY、GBP、INR、CAD、KRW 和 RUB 中某两种货币在 t 时刻的兑换汇率,$k = 1, 2, \cdots, n$,$t = 1, 2, 3, \cdots$。这里的 n 为我们优选的自然数,比如这里 $n = 9$。进而,追踪模型在 t 时刻的百分比收益率为

$$RI^a_{(X_1, X_2, \cdots, X_n)}(t) = \frac{\displaystyle\sum_{k=1}^{n} \alpha_k R_k.(t)}{\displaystyle\sum_{k=1}^{n} \alpha_k R_k.(t-1)} - 1 \tag{6.2}$$

对于基于优化方法的指数追踪技术的追踪组合,一般采用两步法进行参数估计和优化:

1. 对于任意给定的 n,优化模型参数 $\alpha_1, \alpha_2, \cdots, \alpha_n$,优化公式为

$$\hat{\alpha}_n = \underset{\alpha}{\arg\min} \sum_{t=1}^{T} \left(Yield\_IndexUSD(t) - RI^a_{(X_1, X_2, \cdots, X_n)}(t)\right)^2$$

$$= \underset{\alpha}{\arg\min} \sum_{t=1}^{T} \left(\frac{IndexUSD(t)}{IndexUSD(t-1)} - \frac{\displaystyle\sum_{k=1}^{n} \alpha_k R_k.(t)}{\displaystyle\sum_{k=1}^{n} \alpha_k R_k.(t-1)}\right)^2$$

$$\tag{6.3}$$

其中，$Yield\_IndexUSD(t)$ 为 $IndexUSD$ 在 t 时刻的收益率，即

$$Yield\_IndexUSD(t) = \frac{IndexUSD(t)}{IndexUSD(t-1)} - 1 \qquad (6.4)$$

记

$$Q_n^2(X_1^*, X_2^*, \cdots, X_n^*; \alpha_n^*) = \min_{\alpha} \sum_{t=1}^{T} \big(IndexUSD(t) - RI_{(X_1, X_2, \cdots, X_n)}^{\alpha}(t) \big)^2 \qquad (6.5)$$

为用线性回归拟合 $IndexUSD$ 产生的最小均方误差之和。进而，

$$S_n^2(X_1^*, X_2^*, \cdots, X_n^*; \alpha_n^*) = \frac{1}{T} Q_n^2(X_1^*, X_2^*, \cdots, X_n^*; \alpha_n^*)$$

$$(6.6)$$

为用线性回归拟合 USD 汇率指数产生的最小均方误差。

2. 优化 n，其优化公式为

$$\hat{n} = \arg\min_{n} Q_n^2(X_1^*, X_2^*, \cdots, X_n^*; \alpha_n^*) \qquad (6.7)$$

利用 matlab R2018b 软件编程计算，得到基于优化方法追踪 USD 汇率指数的模型参数和追踪效果，见表 6-1 和 6-2。

根据表 6-2 知，纯粹从追踪准确度来看，追踪效果最好的是模型 9，该模型含有常数项并且需要使用 8 种汇率数据，其追踪平均误差为 4.125×10^{-9}。模型 9 的具体公式为

$$\begin{aligned}
IndexUSD = {} & 1891.199 - 0.331USD/JPY - 0.004USD/KRW \\
& - 473.681EUR/USD + 242.350CNY/USD \\
& - 3484.134JPY/USD - 115.480GBP/USD \\
& - 18.359CAD/USD + 95.905RUB/USD \qquad (6.8)
\end{aligned}$$

表6-1　　基于优化方法追踪 USD 汇率指数的模型参数

模型 1	USD/EUR					
参数值	99.6875					
模型 2	常数项	EUR/USD				
参数值	264.9368	−84.3139				
模型 3	常数项	EUR/USD	GBP/USD			
参数值	349.2494	−89.5245	−21.6825			
模型 4	常数项	USD/CNY	EUR/USD	GBP/USD		
参数值	306.3962	−0.8518	−77.3866	−18.9703		
模型 5	常数项	EUR/USD	CNY/USD	GBP/USD	CAD/USD	
参数值	407.8400	−106.3127	60.0502	−25.8402	−3.4593	
模型 6	常数项	USD/CAD	USD/RUB	EUR/USD	CNY/USD	GBP/USD
参数值	430.5789	2.4221	−0.0092	−113.4809	61.9750	−27.6212

续表

模型7	常数项	USD/JPY	USD/RUB	EUR/USD	CNY/USD	GBP/USD	CAD/USD
参数值	547403.329	-10.145	-12.730	-142013.21	78580.046	-34647.836	-5454.897

模型8	常数项	USD/CNY	USD/JPY	USD/KRW	USD/RUB	EUR/USD	GBP/USD	CAD/USD
参数值	1779.5333	-4.9943	-0.0368	-0.0028	-0.0321	-442.9764	-108.0361	-17.7198

模型9	常数项	USD/JPY	USD/KRW	EUR/USD	CNY/USD	JPY/USD	GBP/USD	CAD/USD	RUB/USD
参数值	1891.199	-0.331	-0.004	-473.681	242.350	-3484.134	-115.480	-18.359	95.905

表6-2　基于优化方法追踪USD汇率指数的各模型的追踪效果

模型	模型1	模型2	模型3	模型4	模型5	模型6	模型7	模型8	模型9
汇率数 n	1	1	2	3	4	5	6	7	8
常数项	无	有	有	有	有	有	有	有	有
S^2值	3.663E-06	3.722E-07	1.262E-08	6.111E-09	4.700E-09	4.517E-09	4.285E-09	4.188E-09	4.125E-09
$(n+1)S^2$值	3.663E-06	7.445E-07	3.786E-08	2.445E-08	2.350E-08	2.710E-08	3.000E-08	3.350E-08	3.712E-08

如果同时考虑参数个数和追踪效果,根据表 6-2 知,追踪效果最好的是模型 5,该模型含有常数项并且需要使用 4 种汇率数据,其追踪平均误差为 4.700×10^{-9}。模型 5 的具体公式为

$$IndexUSD = 407.8400 - 106.3127EUR/USD$$
$$+ 60.0502CNY/USD - 25.8402GBP/USD$$
$$- 3.4593CAD/USD \qquad (6.9)$$

从表 6-2 可以看出,如果希望用尽量少种类的汇率数据进行追踪的话,可以选择模型 3,该模型含有常数项并且需要使用 2 种汇率数据,其追踪平均误差为 1.262×10^{-8}。模型 3 的具体公式为

$$IndexUSD = 349.2494 - 89.5245EUR/USD$$
$$- 21.6825GBP/USD \qquad (6.10)$$

下面我们用统计检验和追踪图形效果两方面来看这三个模型是否有效。

表 6-3　基于优化方法追踪 USD 汇率指数三个模型的残差分析

残差分析	模型 3,即(6.10)	模型 5,即(6.9)	模型 9,即(6.8)
残差均值	$-8.7043E-06$	$-2.9136E-06$	$-2.628E-06$
残差标准差	0.00011209	$6.8555E-05$	$6.4225E-05$
残差绝对值 最大值	0.00079423	0.00029839	0.00031904
平稳性检验	$adfStat = -25.34$ $cValue = -1.9412$ $pValue = 0.001$ $Hadf = 1$	$testStat = -25.333$ $cValue = -1.9412$ $pValue = 0.001$ $Hadf = 1$	$testStat = -24.672$ $cValue = -1.9412$ $pValue = 0.001$ $Hadf = 1$
白噪声检验	$qlbStat = 23.707$ $cValue = 31.41$ $pValue = 0.25541$ $Hlbq = 0$	$qlbStat = 12.364$ $cValue = 31.41$ $pValue = 0.90298$ $Hlbq = 0$	$qlbStat = 13.692$ $cValue = 31.41$ $pValue = 0.84576$ $Hlbq = 0$

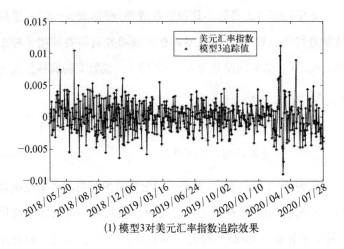

(1) 模型3对美元汇率指数追踪效果

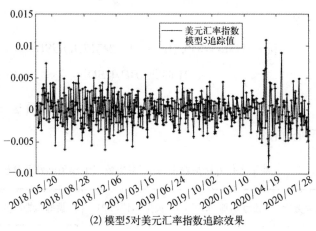

(2) 模型5对美元汇率指数追踪效果

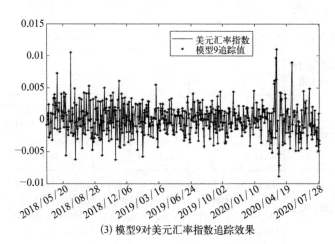

(3) 模型9对美元汇率指数追踪效果

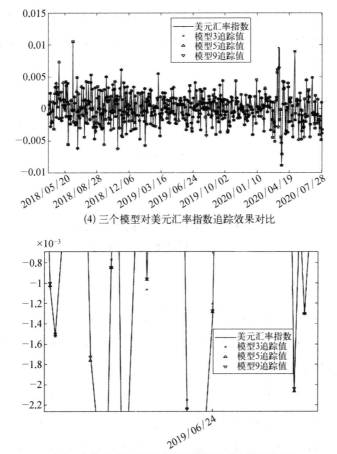

(4) 三个模型对美元汇率指数追踪效果对比

(5) 三个模型对美元汇率指数追踪效果对比局部放大图

图 6-1 基于优化方法的美元汇率指数追踪效果图

从表 6-3 可以看出,这三个模型追踪美元汇率指数的残差都是白噪声序列,并且残差绝对值的最大值为 0.00079423,不到 8‰,因此残差非常小,即三个模型均有效。从表 6-3 的残差均值、残差标准差和残差绝对值的最大值和图 6-1 综合来看,模型 9 的追踪准确性最高,模型 3 的追踪准确性最差,模型 5 的追踪准确性介于两者之间。不过,这三个基于优化方法追踪美元汇率指数的追踪模型误差都很小,追踪效果非常好。

在此,我们特别推荐采用模型(6.9)(即模型 5)进行追踪,因为其只需要使用 4 种汇率数据,而且其追踪 USD 汇率指数的平均误差为 -2.9×10^{-6},追踪成本低、效果好。模型(6.9)的具体公式为

$$
\begin{aligned}
IndexUSD = {} & 407.8400 - 106.3127EUR/USD \\
& + 60.0502CNY/USD - 25.8402GBP/USD \\
& - 3.4593CAD/USD
\end{aligned}
$$

第二节 基于协整分析的货币 汇率指数追踪技术

在第一节中,我们给出了基于优化方法的美元汇率指数追踪模型并且获得了非常好的追踪效果,但是细心的读者会发现,基于优化方法的美元汇率指数追踪模型本质上追踪的是美元汇率指数变化率,而不是美元汇率指数本身。因此,在本节中我们将给出利用协整分析直接追踪美元汇率指数的方法。

格兰杰(C. W. J. Granger)和汉塔拉卡(M. Hatanaka)提出的协整理论主要用于研究多个时间序列之间长期均衡相依性[1],于 2003 年获得了诺贝尔经济学奖。基于协整分析的货币汇率指数追踪技术的基本思想是:对于一个货币汇率指数,如果存在若干个汇率过程与该货币汇率指数存在协整关系的话,则可以用这些汇率过程构造一个投资组合追踪该货币汇率指数。

用 $I(t)$ 表示被追踪的货币汇率指数 I 在 t 时刻的值,X_1,X_2,$\cdots$,X_n 表示 n 种货币汇率在 t 时刻的值,$t=1, 2, \cdots, T$。

---

① GRANGER C W J, HATANAKA M. Spectral analysis of economic time series[M]. Princeton:Princeton University Press, 1964.

如果 X_1，X_2，$\cdots$，X_n 与 I 之间存在协整关系，则存在常数 a_1，a_2，$\cdots$，a_n 使得 $\left\{ I(t) - \sum_{k=1}^{n} \alpha_k X_k(t), \, t \geqslant 0 \right\}$ 为平稳过程，不妨记为 $\{\varepsilon(t), \, t \geqslant 0\}$，即

$$I(t) = \sum_{k=1}^{n} \alpha_k X_k(t) + \varepsilon(t), \quad t \geqslant 0$$

假设平稳过程 $\{\varepsilon(t), \, t \geqslant 0\}$ 的均值为 μ，方差为 σ^2，按照 a_1，a_2，$\cdots$，a_n 比例配置货币汇率 X_1，X_2，$\cdots$，X_n，则 σ^2 越小汇率指数 I 被追踪效果越好。当考虑到汇率指数 I 被追踪目的时，针对不同目的，对 μ 的要求则不同。事实上，如果追踪汇率指数 I 的目的是"认可指数 I 收益，希望获得与指数 I 近似的收益"，则 μ 越小（最好是负值），追踪效果越好；如果追踪汇率指数 I 的目的是"对冲以指数 I 为标的的衍生产品"，则 μ 越接近于零，追踪效果越好。

例如，我们希望用 USD、EUR、CNY、JPY、GBP、INR、CAD、KRW 和 RUB 两两兑换汇率中的部分数据追踪 USD 汇率指数。采用多种汇率的线性回归方式进行 USD 汇率指数 $IndexUSD$ 追踪，则追踪模型形式上为

$$I^{\alpha}_{(X_1, X_2, \cdots, X_n)}(t) = \sum_{k=1}^{n} \alpha_k R_k \tag{6.11}$$

其中，$R_k.$ 为 USD、EUR、CNY、JPY、GBP、INR、CAD、KRW 和 RUB 中某两种货币的兑换汇率，$k = 1, 2, \cdots, n$。这里的 n 为我们优选的自然数。

一般采用两步法进行参数估计和优化：

1. 对于任意给定的 n，优化模型参数 α_1，α_2，$\cdots$，α_n，优化公式为

$$(X_1^*, X_2^*, \cdots, X_n^*, \hat{\alpha}) = \underset{(X_1, X_2, \cdots, X_n, \alpha)}{\mathrm{argmin}} \sum_{t=1}^{T} \big(IndexUSD(t)$$
$$- I^{\alpha}_{(X_1, X_2, \cdots, X_n)}(t) \big)^2 \tag{6.12}$$

并且使得 $\{IndexUSD(t) - I^a_{(X_1^*, X_2^*, \cdots, X_{\hat{n}}^*)}(t), t = 1, 2, 3, \cdots\}$ 为平稳过程,其中

$$Q_n^2(X_1^*, X_2^*, \cdots, X_n^*; \alpha_n^*) = \min_\alpha \sum_{t=1}^T \big(IndexUSD(t) \\ - I^a_{(X_1, X_2, \cdots, X_n)}(t) \big)^2 \quad (6.13)$$

为用协整分析获得的拟合 USD 汇率指数产生的最小均方误差和。进而,

$$S_n^2(X_1^*, X_2^*, \cdots, X_n^*; \alpha_n^*) = \frac{1}{T} Q_n^2(X_1^*, X_2^*, \cdots, X_n^*; \alpha_n^*)$$

$$(6.14)$$

为用协整分析获得的拟合 USD 汇率指数产生的最小均方误差。

2. 优化 n,其优化公式为

$$\hat{n} = \arg\min_n Q_n^2(X_1^*, X_2^*, \cdots, X_n^*; \alpha_n^*) \quad (6.15)$$

利用 matlab R2018b 软件编程计算,得到基于协整分析追踪 USD 汇率指数的模型参数和追踪效果,见表 6-4 和表 6-5。

根据表 6-5 知,纯粹从追踪准确度来看,追踪效果最好的是模型 8,该模型含有常数项并且需要使用 8 种汇率数据,其追踪平均误差为 0.070,该追踪平均误差占 USD 汇率指数百分比约为 0.7‰。模型 8 的具体公式为

$$IndexUSD = 1864.400 - 61.019USD/EUR - 4.091USD/CNY \\ + 173.002USD/GBP - 0.151USD/INR \\ - 112.396USD/CAD - 0.006USD/KRW \\ - 478.301EUR/USD - 209.992CAD/USD \quad (6.16)$$

如果同时考虑参数个数和追踪效果,根据表 6-5 知,追踪

表6-4　基于协整分析追踪 USD 汇率指数的模型参数

模型1	常数项	EUR/USD					
参数值	1618.334	-502.0858					
模型2	常数项	USD/GBP	EUR/USD				
参数值	1401.165	149.537	-413.052				
模型3	常数项	USD/CNY	EUR/USD	GBP/USD			
参数值	1718.081	-6.499	-429.984	-106.293			
模型4	常数项	USD/CNY	USD/INR	EUR/USD	GBP/USD		
参数值	1717.490	-4.918	-0.161	-428.396	-106.773		
模型5	常数项	USD/EUR	USD/CNY	USD/GBP	USD/INR	EUR/USD	
参数值	1777.502	-187.835	-4.543	170.186	-0.156	-575.610	
模型6	常数项	USD/EUR	USD/CNY	USD/GBP	USD/INR	USD/KRW	EUR/USD
参数值	1716.172	-151.246	-4.263	172.298	-0.147	-0.004	-549.434

续　表

模型 7	常数项	USD/CNY	USD/GBP	USD/INR	USD/CAD	USD/KRW	EUR/USD	CAD/USD
参数值	1852.355	−4.118	174.340	−0.141	−147.791	−0.007	−431.701	−273.631

模型 8	常数项	USD/EUR	USD/CNY	USD/GBP	USD/INR	USD/CAD	USD/KRW	EUR/USD	CAD/USD
参数值	1864.400	−61.019	−4.091	173.002	−0.151	−112.396	−0.006	−478.301	−209.992

表 6 - 5　基于协整分析追踪 USD 汇率指数的各模型的追踪效果

模型	模型 1	模型 2	模型 3	模型 4	模型 5	模型 6	模型 7	模型 8
汇率数 n	1	2	3	4	5	6	7	8
常数项	有	有	有	有	有	有	有	有
S^2 值	7.279	0.613	0.166	0.094	0.087	0.082	0.071	0.070
$(n+1)S^2$ 值	14.558	1.838	0.663	0.470	0.522	0.574	0.572	0.629

效果最好的是模型 4，该模型含有常数项并且需要使用 4 种汇率数据，其追踪平均误差为 0.094，该追踪平均误差占 USD 汇率指数百分比约为 0.94‰。模型 4 的具体公式为

$$IndexUSD = 1717.490 - 4.918USD/CNY - 0.161USD/INR \\ - 428.396EUR/USD - 106.773GBP/USD$$

$$(6.17)$$

如果希望用尽量少种类的汇率数据进行追踪的话，根据表 6-5 知，可以选择模型 2，该模型含有常数项并且需要使用 2 种汇率数据，其追踪平均误差为 0.613，该追踪平均误差占 USD 汇率指数百分比约为 0.613‰。模型 2 的具体公式为

$$IndexUSD = 1401.165 + 149.537USD/GBP \\ - 413.052EUR/USD \quad (6.18)$$

下面我们用统计检验和追踪图形效果两方面来看这三个模型是否有效。

表 6-6　基于协整分析追踪 USD 汇率指数三个模型的残差分析

残差分析	模型 2，即(6.18)	模型 4，即(6.17)	模型 8，即(6.16)
残差均值	9.6157E-10	1.4849E-09	-6.4317E-07
残差标准差	0.78345	0.30684	0.26454
残差绝对值最大值	2.1251	0.95766	0.6961
平稳性检验	$adfStat = -2.2938$ $cValue = -1.9412$ $pValue = 0.021264$ $Hadf = 1$	$testStat = -4.0052$ $cValue = -1.9412$ $pValue = 0.001$ $Hadf = 1$	$testStat = -5.1508$ $cValue = -1.9412$ $pValue = 0.001$ $Hadf = 1$
白噪声检验	$qlbStat = 7091.8$ $cValue = 31.41$ $pValue = 0$ $Hlbq = 1$	$qlbStat = 4774.1$ $cValue = 31.41$ $pValue = 0$ $Hlbq = 1$	$qlbStat = 3455.5$ $cValue = 31.41$ $pValue = 0$ $Hlbq = 1$

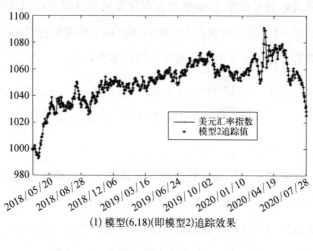

(1) 模型(6.18)(即模型2)追踪效果

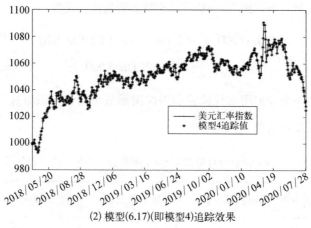

(2) 模型(6.17)(即模型4)追踪效果

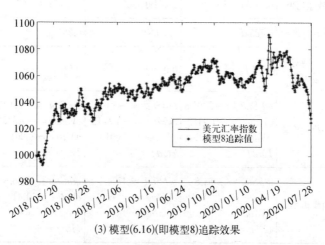

(3) 模型(6.16)(即模型8)追踪效果

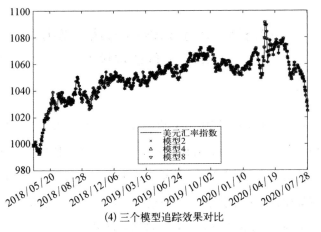

(4) 三个模型追踪效果对比

图 6-2　基于协整分析的美元汇率指数追踪效果图

从表 6-6 可以看出，这三个模型追踪美元汇率指数的残差都是白噪声序列，并且残差绝对值的最大值为 2.1251，占美元汇率指数百分比约为 2.1251‰，因此残差非常小，即三个模型均有效。从表 6-6 的残差均值、残差标准差和残差绝对值的最大值和图 6-2 综合来看，模型 8 的追踪准确性最高，模型 2 的追踪准确性最差，模型 4 的追踪准确性介于两者之间。不过，这三个基于优化方法追踪美元汇率指数的追踪模型误差都很小，追踪效果非常好。

在此，我们特别推荐采用模型(6.17)(即模型 4)进行追踪，因为其只需要使用 4 种汇率数据，而且其追踪平均误差占 USD 汇率指数百分比约为 0.94‰，追踪成本低、效果好。模型(6.17)的具体公式为

$$IndexUSD = 1717.490 - 4.918USD/CNY - 0.161USD/INR$$
$$- 428.396EUR/USD - 106.773GBP/USD$$

第三节　基于 LASSO 方法的货币汇率指数追踪技术

在第二节中,我们给出了基于协整分析的美元汇率指数追踪模型并且获得了非常好的追踪效果,但是在具体模型选择时没有给出一个严格标准,只是根据模型所含参数个数和追踪效果好坏比较主观地选择了几个模型。在本节中我们将给出基于 LASSO 方法的美元汇率指数的追踪技术。

LASSO 方法最早由蒂什莱尼(R. Tibshiran)于 1996 年提出,其主要优势在于对参数估计较大的变量压缩较小,而把参数估计较小的变量压缩成 0,并且 LASSO 分析的参数估计具有连续性,适用于高维数据的模型选择。[①]

用 $I(t)$ 表示被追踪的货币汇率指数 I 在 t 时刻的值,$X_1(t)$, $X_2(t)$, $\cdots$, $X_n(t)$ 表示 n 种货币汇率在 t 时刻的值,$t = 1, 2, \cdots, T$。 基于 LASSO 方法的货币汇率指数追踪模型为

$$I(t) = \alpha_0 + \sum_{k=1}^{n} \alpha_k X_k(t), \quad t \geqslant 0 \qquad (6.19)$$

其中,参数 α_0, α_1, $\cdots$, α_n 采用 LASSO 方法估计。

为了处理数量级不统一问题,我们常常把自变量 X_1, X_2, $\cdots$, X_n 和因变量 I 进行单位化,即

$$\widetilde{X}_k = \frac{X_k - E(X_k)}{\sqrt{\mathrm{var}(X_k)}}, \quad k = 1, 2, \cdots, n \qquad (6.20)$$

---

① TIBSHIRANI R. Regression shrinkage and selection via the Lasso [J]. Journal of the Royal Statistical Society: Series B (Methodological), 1996, 58(1): 267 - 288.

和

$$\widetilde{I} = \frac{I - E(I)}{\sqrt{\mathrm{var}(I)}} \qquad (6.21)$$

则模型(6.19)变成

$$\widetilde{I}(t) = \sum_{k=1}^{n} \beta_k \widetilde{X}_k(t), \quad t \geqslant 0 \qquad (6.22)$$

采用 LASSO 方法对模型(6.22)进行参数估计,其估计式为

$$(\hat{\beta}_1, \hat{\beta}_2, \cdots, \hat{\beta}_n) = \underset{(\beta_1, \beta_2, \cdots, \beta_n)}{\arg\min} \frac{1}{T} \sum_{t=1}^{T} \left(\widetilde{I}(t) - \sum_{k=1}^{n} \beta_k \widetilde{X}_k(t) \right)^2$$
$$+ \lambda \sum_{k=1}^{n} |\beta_k| \qquad (6.23)$$

其中,$\lambda > 0$ 为 LASSO 参数。

通过简单计算,可以得到因变量 I 的均值为 1049.968,标准差为 16.46275,自变量 X_1, X_2, $\cdots$, X_n 的均值和标准差见表 6-7。

在本节中,我们分别取 $\lambda = 0.01$,1,100,10000,得到模型(6.23)参数,见表 6-8,对应参数的收敛情况见图 6-3。从图 6-3 可以看出,模型(6.23)参数均已收敛。

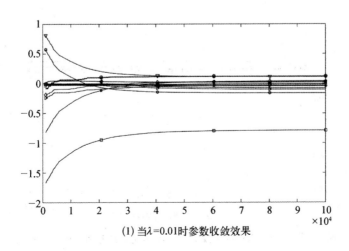

(1) 当 $\lambda = 0.01$ 时参数收敛效果

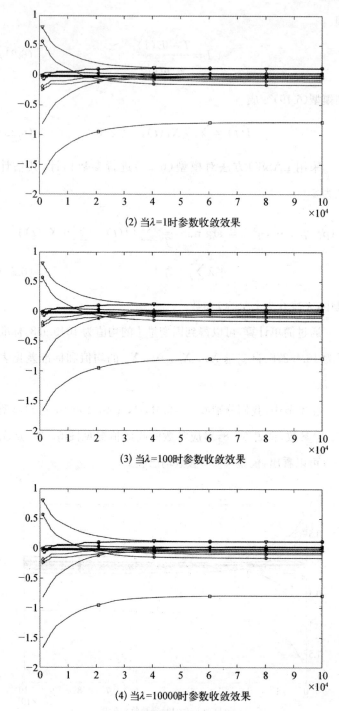

(2) 当λ=1时参数收敛效果

(3) 当λ=100时参数收敛效果

(4) 当λ=10000时参数收敛效果

图 6-3　基于 LASSO 方法的美元汇率指数追踪参数收敛效果图

表6-7 自变量 X_1, X_2, …, X_n 的均值和标准差

自变量	USA/EUR	USA/CNY	USA/JPY	USD/GBP	USA/INR	USA/CAD	USA/KRW	USA/RUB
均值	0.884087	6.868978	109.5033	0.778287	71.08807	1.328221	1156.713	65.89694
标准差	0.02464	0.215396	2.066947	0.025875	2.577282	0.031547	44.92381	3.801944
自变量	EUR/USA	CNY/USA	JPY/USA	GBP/USA	INR/USA	CAD/USA	KRW/USA	RUB/USA
均值	1.132011	0.14573	0.009135	1.286289	0.014072	0.753303	0.000866	0.015223
标准差	0.032345	0.004753	0.000172	0.043057	0.000505	0.017451	3.37E-05	0.000827

表6-8 模型(6.23)参数的LASSO估计值

汇率	USA/EUR	USA/CNY	USA/JPY	USD/GBP	USA/INR	USA/CAD	USA/KRW	USA/RUB
系数（λ=0.01）	−0.08443	−0.06282	0.152749	0.271378	−0.03738	−0.10373	−0.09994	−0.01923
汇率	EUR/USA	CNY/USA	JPY/USA	GBP/USA	INR/USA	CAD/USA	KRW/USA	RUB/USA
系数（λ=0.01）	−0.9327	−0.00744	0.156411	−0.00161	−0.01719	−0.11804	−0.07947	−0.01041

续 表

	USA/EUR	USA/CNY	USA/JPY	USD/GBP	USA/INR	USA/CAD	USA/KRW	USA/RUB
汇 率	USA/EUR	USA/CNY	USA/JPY	USD/GBP	USA/INR	USA/CAD	USA/KRW	USA/RUB
系数 (λ = 1)	−0.08391	−0.06254	0.152753	0.271121	−0.03746	−0.10416	−0.10011	−0.0191
汇 率	EUR/USA	CNY/USA	JPY/USA	GBP/USA	INR/USA	CAD/USA	KRW/USA	RUB/USA
系数 (λ = 1)	−0.93216	−0.00714	0.156409	−0.00189	−0.01727	−0.11846	−0.07965	−0.0103
汇 率	USA/EUR	USA/CNY	USA/JPY	USD/GBP	USA/INR	USA/CAD	USA/KRW	USA/RUB
系数 (λ = 100)	−0.08381	−0.06255	0.152772	0.271078	−0.03747	−0.10422	−0.10011	−0.01908
汇 率	EUR/USA	CNY/USA	JPY/USA	GBP/USA	INR/USA	CAD/USA	KRW/USA	RUB/USA
系数 (λ = 100)	−0.93206	−0.00715	0.156427	−0.00194	−0.01728	−0.11852	−0.07965	−0.01028
汇 率	USA/EUR	USA/CNY	USA/JPY	USD/GBP	USA/INR	USA/CAD	USA/KRW	USA/RUB
系数 (λ = 10000)	−0.09135	−0.06681	0.152108	0.27477	−0.03653	−0.09782	−0.09738	−0.02088
汇 率	EUR/USA	CNY/USA	JPY/USA	GBP/USA	INR/USA	CAD/USA	KRW/USA	RUB/USA
系数 (λ = 10000)	−0.93975	−0.01171	0.155865	0.002034	−0.01633	−0.11228	−0.0768	−0.0119

根据表 6 - 7 和表 6 - 8 可知，如果选取 LASSO 参数 $\lambda = 0.01$，则追踪模型为

$$I(t) = 1049.968 + 16.46275 \times \left(-0.08443 \times \frac{USA/EUR - 0.884087}{0.02464} \right.$$

$$- 0.06282 \times \frac{USA/CNY - 6.868978}{0.215396} + 0.152749$$

$$\times \frac{USA/JPY - 109.5033}{2.066947} + 0.271378$$

$$\times \frac{USA/GBP - 0.778287}{0.025875} - 0.03738$$

$$\times \frac{USA/INR - 71.08807}{2.577282} - 0.10373$$

$$\times \frac{USA/CAD - 1.328221}{0.031547} - 0.09994$$

$$\times \frac{USA/KRW - 1156.713}{44.92381} - 0.01923$$

$$\times \frac{USA/RUB - 65.89694}{3.801944} - 0.9327$$

$$\times \frac{EUR/USA - 1.1320113}{0.032345} - 0.00744$$

$$\times \frac{CNY/USA - 0.14573}{0.004753} + 0.156411$$

$$\times \frac{JPY/USA - 0.009135}{0.000172} - 0.00161$$

$$\times \frac{GBP/USA - 1.286289}{0.043057} - 0.01719$$

$$\times \frac{INR/USA - 0.014072}{0.000505} - 0.11804$$

$$\times \frac{CAD/USA - 0.753303}{0.017451} - 0.07947$$

$$\times \frac{KRW/USA - 0.000866}{3.37 \times 10^{-5}} - 0.01041$$

$$\times \frac{CAD/USA - 0.015223}{0.000827} \bigg) \tag{6.24}$$

整理可得，如果选取 LASSO 参数 $\lambda = 0.01$，则追踪模型 1 为

$$\begin{aligned}
I(t) = {} & 1535.681 - 56.411 \times USA/EUR - 4.801 \times USA/CNY \\
& + 1.217 \times USA/JPY + 172.664 \times USA/GBP - 0.239 \\
& \times USA/INR - 54.130 \times USA/CAD - 0.037 \\
& \times USA/KRW - 0.083 \times USA/RUB - 474.723 \\
& \times EUR/USA - 25.766 \times CNY/USA + 14964.304 \\
& \times JPY/USA - 0.617 \times GBP/USA - 560.139 \\
& \times INR/USA - 111.355 \times CAD/USA \\
& - 38789.446 \times KRW/USA - 207.273 \times CAD/USA
\end{aligned}$$

如果选取 LASSO 参数 $\lambda = 1$，则追踪模型为

$$\begin{aligned}
I(t) = {} & 1049.968 + 16.46275 \times \bigg(-0.08391 \times \frac{USA/EUR - 0.884087}{0.02464} \\
& - 0.06254 \times \frac{USA/CNY - 6.868978}{0.215396} + 0.152753 \\
& \times \frac{USA/JPY - 109.5033}{2.066947} + 0.271121 \\
& \times \frac{USA/GBP - 0.778287}{0.025875} - 0.03746 \\
& \times \frac{USA/INR - 71.08807}{2.577282} - 0.10416 \\
& \times \frac{USA/CAD - 1.328221}{0.031547} - 0.10011 \\
& \times \frac{USA/KRW - 1156.713}{44.92381} - 0.0191 \\
& \times \frac{USA/RUB - 65.89694}{3.801944} - 0.93216
\end{aligned}$$

$$\times \frac{EUR/USA - 1.1320113}{0.032345} - 0.00714$$

$$\times \frac{CNY/USA - 0.14573}{0.004753} + 0.156409$$

$$\times \frac{JPY/USA - 0.009135}{0.000172} - 0.00189$$

$$\times \frac{GBP/USA - 1.286289}{0.043057} - 0.01727$$

$$\times \frac{INR/USA - 0.014072}{0.000505} - 0.11846$$

$$\times \frac{CAD/USA - 0.753303}{0.017451} - 0.07965$$

$$\times \frac{KRW/USA - 0.000866}{3.37 \times 10^{-5}} - 0.0103$$

$$\times \frac{CAD/USA - 0.015223}{0.000827} \Big) \tag{6.25}$$

整理可得，如果选取 LASSO 参数 $\lambda = 1$，则追踪模型 2 为

$$\begin{aligned}
I(t) = {} & 1535.774 - 56.063 \times USA/EUR - 4.780 \times USA/CNY \\
& + 1.217 \times USA/JPY + 172.500 \times USA/GBP \\
& - 0.239 \times USA/INR - 54.355 \times USA/CAD \\
& - 0.037 \times USA/KRW - 0.083 \times USA/RUB \\
& - 474.452 \times EUR/USA - 24.732 \times CNY/USA \\
& + 14964.076 \times JPY/USA - 0.723 \times GBP/USA \\
& - 562.594 \times INR/USA - 111.753 \times CAD/USA \\
& - 38876.263 \times KRW/USA - 204.966 \times CAD/USA
\end{aligned}$$

如果选取 LASSO 参数 $\lambda = 100$，则追踪模型为

$$\begin{aligned}
I(t) = {} & 1049.968 + 16.46275 \times \Big(-0.08381 \times \frac{USA/EUR - 0.884087}{0.02464} \\
& - 0.06255 \times \frac{USA/CNY - 6.868978}{0.215396} + 0.152772
\end{aligned}$$

$$\times \frac{USA/JPY - 109.5033}{2.066947} + 0.271078$$

$$\times \frac{USA/GBP - 0.778287}{0.025875} - 0.03747$$

$$\times \frac{USA/INR - 71.08807}{2.577282} - 0.10422$$

$$\times \frac{USA/CAD - 1.328221}{0.031547} - 0.10011$$

$$\times \frac{USA/KRW - 1156.713}{44.92381} - 0.01908$$

$$\times \frac{USA/RUB - 65.89694}{3.801944} - 0.93206$$

$$\times \frac{EUR/USA - 1.1320113}{0.032345} - 0.00715$$

$$\times \frac{CNY/USA - 0.14573}{0.004753} + 0.156427$$

$$\times \frac{JPY/USA - 0.009135}{0.000172} - 0.00194$$

$$\times \frac{GBP/USA - 1.286289}{0.043057} - 0.01728$$

$$\times \frac{INR/USA - 0.014072}{0.000505} - 0.11852$$

$$\times \frac{CAD/USA - 0.753303}{0.017451} - 0.07965$$

$$\times \frac{KRW/USA - 0.000866}{3.37 \times 10^{-5}} - 0.01028$$

$$\times \left. \frac{CAD/USA - 0.015223}{0.000827} \right) \tag{6.26}$$

整理可得，如果选取 LASSO 参数 $\lambda = 100$，则追踪模型 3 为

$$I(t) = 1535.770 - 55.996 \times USA/EUR - 4.781 \times USA/CNY$$
$$+ 1.217 \times USA/JPY + 172.473 \times USA/GBP - 0.239$$

$$\times USA/INR - 54.388 \times USA/CAD - 0.037$$

$$\times USA/KRW - 0.083 \times USA/RUB - 474.400$$

$$\times EUR/USA - 24.780 \times CNY/USA + 14965.856$$

$$\times JPY/USA - 0.740 \times GBP/USA - 563.029$$

$$\times INR/USA - 111.811 \times CAD/USA - 38876.030$$

$$\times KRW/USA - 204.606 \times CAD/USA$$

如果选取 LASSO 参数 $\lambda = 10000$，则追踪模型为

$$I(t) = 1049.968 + 16.46275 \times \left(-0.09135 \times \frac{USA/EUR - 0.884087}{0.02464} \right.$$

$$- 0.06681 \times \frac{USA/CNY - 6.868978}{0.215396} + 0.152108$$

$$\times \frac{USA/JPY - 109.5033}{2.066947} + 0.27477$$

$$\times \frac{USA/GBP - 0.778287}{0.025875} - 0.03653$$

$$\times \frac{USA/INR - 71.08807}{2.577282} - 0.09782$$

$$\times \frac{USA/CAD - 1.328221}{0.031547} - 0.09738$$

$$\times \frac{USA/KRW - 1156.713}{44.92381} - 0.02088$$

$$\times \frac{USA/RUB - 65.89694}{3.801944} - 0.93975$$

$$\times \frac{EUR/USA - 1.1320113}{0.032345} - 0.01171$$

$$\times \frac{CNY/USA - 0.14573}{0.004753} + 0.155865$$

$$\times \frac{JPY/USA - 0.009135}{0.000172} - 0.002034$$

$$\times \frac{GBP/USA - 1.286289}{0.043057} - 0.01633$$

$$\times \frac{INR/USA - 0.014072}{0.000505} - 0.11228$$

$$\times \frac{CAD/USA - 0.753303}{0.017451} - 0.0768$$

$$\times \frac{KRW/USA - 0.000866}{3.37 \times 10^{-5}} - 0.0119$$

$$\left. \times \frac{CAD/USA - 0.015223}{0.000827} \right) \qquad (6.27)$$

整理可得,如果选取 LASSO 参数 $\lambda = 10000$,则追踪模型 4 为

$$I(t) = 1535.391 - 61.033 \times USA/EUR - 5.106 \times USA/CNY$$
$$+ 1.212 \times USA/JPY + 174.822 \times USA/GBP - 0.233$$
$$\times USA/INR - 51.050 \times USA/CAD - 0.036$$
$$\times USA/KRW - 0.090 \times USA/RUB - 478.314$$
$$\times EUR/USA - 40.564 \times CNY/USA + 14912.023$$
$$\times JPY/USA - 0.778 \times GBP/USA - 532.081$$
$$\times INR/USA - 105.921 \times CAD/USA - 37488.365$$
$$\times KRW/USA - 236.900 \times CAD/USA$$

下面我们用统计检验和追踪图形效果来看这四个模型是否有效,见表 6-9 和图 6-4。由于四个模型追求效果非常好,从图形上几乎看不出追踪值与真实值的差异性,图 6-4(5)给出了模型 1 追踪美元汇率指数效果图的局部放大图,用以展示追踪值与美元汇率指数还是有差异性的。

表 6-9　基于 LASSO 方法追踪 USD 汇率指数四个模型的残差分析

残差 分析	模型 1	模型 2	模型 3	模型 4
残差 均值	$-1.321e-12$	$-1.326e-12$	$-1.314e-12$	$-1.225e-12$
残差 标准差	0.253305	0.253304	0.253304	0.253338

残差 分析	模型 1	模型 2	模型 3	模型 4
残差 绝对值 最大值	0.709798	0.710155	0.710213	0.705525
平稳性 检验	$adfStat = -5.7188$ $cValue = -1.9412$ $pValue = 0.001$ $Hadf = 1$	$testStat = -5.7200$ $cValue = -1.9412$ $pValue = 0.001$ $Hadf = 1$	$testStat = -5.7201$ $cValue = -1.9412$ $pValue = 0.001$ $Hadf = 1$	$testStat = -5.7005$ $cValue = -1.9412$ $pValue = 0.001$ $Hadf = 1$
白噪声 检验	$qlbStat = 3030.10$ $cValue = 31.41$ $pValue = 0$ $Hlbq = 1$	$qlbStat = 3031.22$ $cValue = 31.41$ $pValue = 0$ $Hlbq = 1$	$qlbStat = 3031.35$ $cValue = 31.41$ $pValue = 0$ $Hlbq = 1$	$qlbStat = 3015.13$ $cValue = 31.41$ $pValue = 0$ $Hlbq = 1$

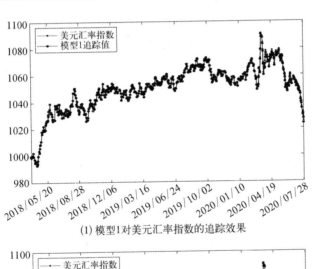

(1) 模型1对美元汇率指数的追踪效果

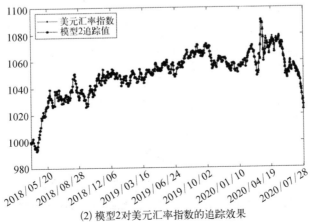

(2) 模型2对美元汇率指数的追踪效果

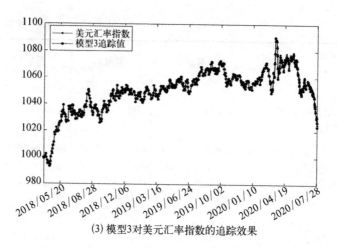

(3) 模型3对美元汇率指数的追踪效果

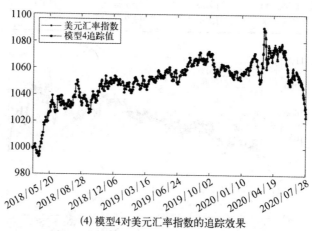

(4) 模型4对美元汇率指数的追踪效果

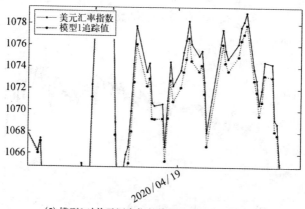

(5) 模型1对美元汇率指数的追踪效果的局部放大图

图 6-4　基于 LASSO 方法的美元汇率指数追踪效果图

从表 6 - 9 可以看出,这四个模型追踪美元汇率指数的残差都是白噪声序列,并且残差绝对值的最大值为 0.710213,占美元汇率指数百分比约为 7.1‰,因此残差非常小,即四个模型均有效。从表 6 - 9 的残差均值、残差标准差和残差绝对值的最大值和图 6 - 4 综合来看,模型 1 的追踪准确性最高。事实上,另外三个模型与模型 1 的追踪准确性也没有显著性差异,追踪效果都非常好。

在此,我们特别推荐采用模型(6.24)(即模型 1)进行追踪,其追踪平均误差占 USD 汇率指数百分比约为 1.321×10^{-12},追踪效果非常好。模型 1 的具体公式为

$$
\begin{aligned}
IndexUSD = {} & 1535.681 - 56.411 \times USA/EUR - 4.801 \\
& \times USA/CNY + 1.217 \times USA/JPY \\
& + 172.664 \times USA/GBP - 0.239 \times USA/INR \\
& - 54.130 \times USA/CAD - 0.037 \times USA/KRW \\
& - 0.083 \times USA/RUB - 474.723 \times EUR/USA \\
& - 25.766 \times CNY/USA + 14964.304 \times JPY/USA \\
& - 0.617 \times GBP/USA - 560.139 \times INR/USA \\
& - 111.355 \times CAD/USA - 38789.446 \\
& \times KRW/USA - 207.273 \times CAD/USA
\end{aligned}
$$

参 考 文 献

朱世武. 金融计算与建模：理论、算法与 SAS 程序[M]. 北京：
　　清华大学出版社,2007.

吴述金,毕俊娜. 金融建模[M]. 北京：科学出版社,2022.

BILSON J F O, MARSTON R C. Exchange rate theory and
　　practice [M]. Chicago：University of Chicago Press，1984.

RUTHERFORD D. Routledge dictionary of economics[M]. 3rd
　　ed. London：Routledge，2012.